R
17279

LE

LIVRE DE LA MUTUALITÉ

ÉPARGNE - PRÉVOYANCE

Guide à l'usage des Ecoles, des Cours d'adultes et des Familles

PETITES A ; — SECOURS MUTUELS ; — RETRAITES ;
— CAISSE NATIONALE DES RETRAITES ; —
SOCIÉTÉS PSEUDO - MUTUALISTES : — TABLES
DE CAPITALISATION ET DE MORTALITÉ : —
PETITES CAVÉ ; — LOI DU 1ᵉʳ AVRIL 1898,
ETC.

PAR

E. GARCIN

Président de Société

OFFICIER D'ACADÉMIE

PRIX : 0 fr. 50

Si l'egalité absolue est une chimere, la mutualite seule est une realite. (DE GERARDIN)	L'ignorance et l'erreur sont causes de bien des misères humaines. (VOLTAIRE)

GRENOBLE

8ᵉ R
17279

ALEXANDRE GRATIER & Cⁱᵉ

Editeurs

—

1901

Au lieu de prêcher la LUTTE POUR LA VIE, les mutualistes pratiquent
L'UNION pour l'existence.

LIBRAIRIE UNIVERSITAIRE
Alexandre GRATIER et Cie
GRENOBLE - Grande-Rue, 23 - GRENOBLE

PUBLICATIONS NOUVELLES :

L'ENSEIGNEMENT de la COMPOSITION FRANÇAISE
A l'Ecole Primaire
CONFÉRENCE FAITE AUX INSTITUTEURS
Par M. POITRINAL
Inspecteur de l'Enseignement primaire à Grenoble

Brochure in-8°   Prix : 0 fr. 50

Le Livre de la Mutualité
ÉPARGNE ET PRÉVOYANCE
Guide à l'usage des Ecoles, des Cours d'Adultes et des Familles
Par E. GARCIN
Brochure in-8° — Prix : 0 fr. 50.

VIENT DE PARAITRE :

MAGNIFIQUE PUBLICATION POUR LES ENFANTS

LYSROSE ET LOUISDOR
Conte en vers
Par E. BOIRAC, Recteur de l'Université de Grenoble
Illustrations en Phototypie, d'après les dessins originaux de L. BALMET
Bel Album in-4° - Prix : 10 francs

EN PRÉPARATION :

Sous la direction de M. BOIRAC, Recteur de l'Université de Grenoble, avec la collaboration de M. REY, Inspecteur d'Académie, de ses collegues des Départements voisins, de M. MAGENDIE, Directeur de l'Ecole Normale, de MM. les Inspecteurs primaires de la Région :

A TRAVERS NOS ALPES
Livre de lecture spécial aux Ecoles du ressort de l'Académie, contenant un choix d'Extraits en vers et en prose des auteurs anciens et modernes qui ont décrit ou chanté le Dauphiné et les Alpes, et aussi des Pages d'Ecrivains dauphinois.

Ce classique apprendra aux Ecoliers à connaître et à aimer toujours plus notre petite Patrie Dauphinoise.

*18
01*

LE LIVRE DE LA MUTUALITÉ

Epargne - Prévoyance

LE LIVRE DE LA MUTUALITÉ

Epargne ⚬ Prévoyance

LE LIVRE DE LA MUTUALITÉ

ÉPARGNE = PRÉVOYANCE

AVERTISSEMENT

A l'heure actuelle, tous les vrais Français se préoccupent, avec raison, du développement de la *Mutualité*, parce qu'elle a un double but :

1º Améliorer la situation de la classe la plus nombreuse ;
2º combattre l'égoïsme naturel des hommes, en les habituant à la *vie d'association* et à la pratique de la *solidarité*.

On ne naît pas mutualiste, mais on peut le devenir ; il importe que l'apprentissage commence de bonne heure et que chacun se persuade bien qu'avant de compter sur l'Etat et sur les autres, il faut commencer à compter sur soi.

Ce petit guide est indispensable à ceux qui sont déjà sociétaires et à ceux qui désirent s'affilier à une mutualité. Il contient, outre la loi (in extenso) du 1ᵉʳ avril 1898, sur les sociétés de secours mutuels, des renseignements pratiques sur la Caisse Nationale de Retraites (trop peu connus), sur le fonctionnement des mutuelles, sur le mécanisme des « petites Cavé » (avec les derniers perfectionnements), sur le calcul des majorations de pension, des subventions, etc.

Des barêmes et des tableaux permettent de se rendre compte de la puissance de l'épargne du sou par jour, tout en apprenant à se défier des Sociétés pseudo-mutualistes. Enfin, des *pensées* et des *conseils*, insérés dans le texte, ont pour but de fixer, dans l'esprit, des règles pratiques de conduite.

Ce livre devrait pénétrer dans toutes les familles par l'école.

Il se recommande : 1º A nos vaillants Instituteurs, *qui jugeront bon, sans doute, de le mettre entre les mains des élèves les plus âgés, des auditeurs des cours d'adultes, ou des Administrateurs des Mutuelles* (1) ;

---

(1) Par la modicité de son prix et le caractère *classique* qu'il présente (avec les devoirs, questionnaires et problèmes), l'ouvrage peut être acquis sur le budget de l'école ou de la société et distribué aux élèves à titre de récompense.

2° *A MM. les Délégués cantonaux, à MM. les Membres honoraires et Bienfaiteurs des sociétés, et à tous ceux qui pensent
que l'Association renouvellera pacifiquement l'état social.*

*C'est pour nous rendre utile que nous publions cette modeste
brochure ; nous serons suffisamment récompensé, si nous avons
contribué au développement des œuvres post-scolaires et à la
formation de mutualistes convaincus.*

Avis. — Ne comptez pas que l'étude de la *Mutualité* soit une étude amusante : il faut s'appuyer sur des chiffres ; mais ces chiffres,
tout arides qu'ils sont, apprennent à raisonner juste et, par suite,
à se défier des utopistes, qui affirment qu'on peut faire de l'argent
par d'autres moyens que le travail et l'économie !

L'AUTEUR.

NOTE DES ÉDITEURS

—

**En publiant ces Notions de Mutualité, nous vou-
lons faciliter la tâche de MM. les Présidents et
Administrateurs des Sociétés, de Mesdames les
Institutrices et de Messieurs les Instituteurs.**

**Nous comptons sur les dévouements de tous pour
la vulgarisation des idées de solidarité et nous
remercions chaleureusement d'avance ceux qui,
par leurs idées et leur expérience, voudront bien
être nos collaborateurs.**

LES ÉDITEURS.

(Reproduction interdite).

I. Les Bienfaits de la Mutualité.

La Mutualité est l'union de personnes laborieuses et prévoyantes, en vue de garantir l'avenir contre les risques de l'existence (maladie, chômage, vieillesse, etc.). Elle a pour base fondamentale le principe : « A charges égales, profits égaux. »

« Il n'est pas vrai de dire que la mutualité soit l'unique solution « de la question sociale, dit M. Deschanel, mais c'est une des idées « qui auront le plus modifié, d'ici un demi-siècle, la face de la « société française.

« Je crois que c'est un puissant instrument de sécurité et de « concorde ; la question sociale n'est pas seulement une question « matérielle, la question sociale n'est pas seulement la question « de « pain », elle est aussi une question intellectuelle et morale. « Eh bien ! vos associations sont des foyers d'éducation civique « et, lorsque des citoyens ont appris à débattre eux-mêmes leurs « intérêts, à discuter leurs affaires, à toucher du doigt les diffi« cultés pratiques, à controverser sur des questions aussi délica« tes et aussi complexes que celles des retraites, par exemple, il est « impossible que leur esprit soit désormais accessible à la vio« lence et aux chimères. Leur raison, en passant au crible de « la controverse, s'épure ; elle ne se laisse plus prendre au mirage « des formules et des mots, et, le jour où vous verrez vos mutua« lités prospères, la guerre des classes sera frappée à mort »

Il est hors de doute que les associations développent, notamment, le sentiment de la *solidarité*, qui est le vrai remède à l'égoïsme. Elles exigent des adhérents les mêmes qualités : habitudes d'ordre, d'économie, de prévoyance, habitudes qui règlent la volonté. Tout cela oblige à réfléchir, développe l'initiative individuelle, et contribue à former l'*esprit mutualiste*, qui n'est, au fond, qu'un mélange de bonté pour les autres et d'intérêt personnel, bien entendu.

La mutualité crée, dit-on une atmosphère d'honnêtes gens. elle les rend positifs, dans une juste mesure ; elle les incite à penser à l'intérêt général autant qu'à l'intérêt particulier ; ils apprennent ainsi qu'ils peuvent compter sur les autres, à la condition que les autres pourront compter sur eux.

L'enseignement de la Mutualité ne doit pas surcharger les programmes et fait partie de l'éducation sociale. Des lectures appropriées, des dictées, des narrations, des problèmes suffisent pour convaincre les enfants que personne n'est à l'abri de la maladie, et qu'ils pourront plus tard, *par leurs propres efforts*, se garantir contre les risques de l'existence, en économisant de faibles sommes

---

PENSÉES. — Est-on sur terre pour s'aimer ou s'entredévorer ? Aimer ses semblables, c'est l'unique ressource contre le vide, l'inquiétude et l'ennui (*Mirabeau*).

Le problème social est, en dernière analyse, un problème d'éducation (*Bourgeois*).

sur le salaire d'une semaine. Il importe de leur faire entrevoir, dès l'école, les difficultés de demain et de leur donner la force de bien remplir leurs obligations. L'essentiel est de les tenir en garde contre l'*insouciance*, l'*imprévoyance* et la *paresse d'esprit* qui sont les sources de tant de maux.

✦❊❊❊✦

2. On ne peut être qu'égoïste ou « solidariste »

Il n'est pas besoin de définir l'égoïste, cet être haissable, que tout le monde connaît, et qui pense uniquement à son « petit butin », sans se soucier des autres hommes.

Comment se représenter, au contraire, le « solidariste » ?

Supposez-vous, d'abord, à la place de Robinson, obligé de lutter, nuit et jour, contre la faim, le froid et les bêtes féroces, et transportez-vous, ensuite, dans une agglomération d'hommes civilisés, où vous jouirez immédiatement d'une foule d'avantages matériels et intellectuels (vie commode et à bon marché, écoles, œuvres d'assistance, etc.)

Isolé, l'homme est malheureux ; au contraire, la vie d'association lui procure le bien-être.

Avez-vous réfléchi que vous devez tout à la société ?

Les institutions, les arts, sont un héritage de vos ancêtres. Votre langage même n'est pas à vous, puisque ce n'est pas vous qui l'avez créé. « L'homme ne prend pas un aliment, n'ouvre pas un livre, n'exprime pas une pensée, sans mettre à contribution le fonds social, le travail accumulé par les autres. » (L. Bourgeois).

Puisque vous *devez* tout aux générations passées ou présentes, *il faut payer votre dette à la Société ;* d'où obligation pour vous : 1° de travailler ; 2° de faire le bien en échange du bien dont vous profitez ; 3° d'éviter le mal, et il faut l'éviter d'autant plus que le mauvais exemple est contagieux et que vous n'avez pas le droit de nuire aux autres, moralement ou physiquement.

L'esprit ne peut être que SOLIDARISTE ou EGOISTE. Les sceptiques et les indifférents sont classés parmi les égoïstes. Comme ils ne croient pas au bien, ils ne peuvent se déterminer à le faire. Ils sont aussi nuisibles à la Société que les paresseux et les violents.

Celui qui ne fait aucun bien est aussi coupable que celui qui laisse froidement faire le mal.

Rien n'est mieux fait pour conduire plus tard un enfant au scepticisme que de lui faire croire que dans la vie « la vertu est toujours récompensée ». Mieux vaut lui dire que neuf fois sur dix, les choses se passent ainsi, qu'il y a une justice immanente, et que les roués, tôt ou tard démasqués, perdent en une seule fois le profit de leurs ruses antérieures.

Eh bien ! cette dépendance où nous sommes, les uns envers les autres, se nomme *Solidarité*. Ainsi la notion de *Solidarité* apparaît comme l'une des bases du *Devoir* de l'homme, et c'est avec raison que l'on dit que la Solidarité est l'Evangile de la Société moderne.

Les hommes, comme les générations, sont *solidaires* entre eux, c'est-à-dire que les souffrances des uns ont leur contre-coup sur les autres et que le bonheur de tous dépend mutuel-lement de celui de chacun.

Votre vie ne vous appartient pas, et vous n'avez pas le droit de compromettre votre santé dans les excès d'intempérance ou de plaisirs.

❖⬥Ӡ❖⬥

3. Epargne.

L'épargne consiste à prélever une partie des fruits du tra-vail et à la réserver pour les temps moins heureux.

Remarquez que l'épargne, qui contraint nos penchants à la dépense et aux vices, développe en nous les sentiments de solidarité et nous permet d'être mutualistes.

En général, les mutualistes sont de braves gens, sachant ce qu'ils veulent, se défiant des théories décevantes, aimant le travail et ayant confiance dans l'avenir. L'effort, souvent mé-connu, d'un brave ouvrier épargnant sur ses besoins quoti-diens pour payer sa cotisation mensuelle de sociétaire, est un acte très méritoire. Nous admirons le bon père de famille qui ne sait pas refuser deux sous par semaine à son enfant, enrôlé dans les « petites Cavé. »

Gardez-vous de confondre l'avarice et l'économie.

L'*avarice* est un des vices les plus serviles et les plus bas. L'avare, avec ses idées obtuses, est incapable de faire le bien et d'avoir des idées élevées, parce que son or l'obsède.

L'*économie* se tient à égale distance de l'avarice et de la prodigalité. C'est une vertu qui nous retient sur la pente im-modérée des plaisirs, et, en la pratiquant, on fait acte de tem-pérance, de prudence et de fermeté.

L'épargne, fruit de l'économie, fait l'homme sûr de son lendemain ; elle l'élève donc moralement, puisqu'elle lui per-met d'envisager la vie avec calme et sérénité.

___

Gloire au travail et honneur à l'épargne !

Il faut économiser pour être généreux à l'occasion (*Cicéron*).

L'apprentissage moralisateur de l'épargne doit commencer à l'école.

Les caisses d'épargne. — Quelles sont les préoccupations constantes de celui qui vit du produit de sa journée ? Il craint, soit de manquer de travail, soit d'être sans ressources en cas de maladie dans sa famille ; enfin, il désire avoir, à un moment donné, une modique avance pour un achat utile.

Les caisses d'épargne offrent les moyens de parer à ces éventualités. Elles reçoivent les dépôts de 1 franc au minimum et de 1,500 francs au maximum.

Dans les caisses d'épargne des villes, l'argent est capitalisé à 3 %, tandis que dans les caisses d'épargne *postales*, l'intérêt n'est que de 2 50.

Les fonds versés dans une caisse d'epaigne postale peuvent être retirés ou augmentés dans tout autre bureau de poste.

Devoir écrit. — Que savez-vous de l'épargne et des caisses d'épargne ?

4. Les « Petites A ».

La mode est aux abréviations. On appelle « petites A » les associations amicales des anciens élèves des écoles primaires, par opposition aux « grandes A » ou associations des anciens élèves des lycées, collèges ou d'écoles.

Les « petites A » ont pour but d'aider l'enfant à traverser la période comprise entre l'école et le régiment, c'est-à-dire de treize à vingt ans. Pendant cette période, la plus dangereuse de toutes, il est guetté par le cabaret et les mauvaises fréquentations qui peuvent le jeter dans la mauvaise voie.

Cette idée primordiale a fait naître d'autres institutions : Les « petites Cavé », ou mutualités scolaires, Amicales, Patronages, l'Œuvre du Trousseau, l'Œuvre de la Bibliothèque, les Colonies scolaires, etc.

Toutes ces institutions accomplissent ce qu'on appelle les « *Œuvres post-scolaires* » ou « *Lendemain de l'école* », ou encore « *la Seconde Education* ».

Partout elles visent à instruire, à moraliser, à distraire ; elles aident, moralement et pécuniairement, des sociétaires ;

L'œuvre de la **SECONDE ÉDUCATION** commence à la sortie de l'école et doit durer toute la vie, car ce n'est pas assez de toute notre existence pour apprendre ce que nous devons savoir. L'homme se lasse de tout, excepté de comprendre et d'apprendre (*X...*)

Toutes les institutions complémentaires de l'école sont une assurance mutuelle contre le naufrage de nos libertés (*Fouillée*).

elles fournissent des subsides pour toutes sortes de bonnes œuvres.

La *Mutualité scolaire*, notamment, est la plus merveilleuse des institutions, en ce sens qu'elle permet aux enfants de devenir de bonne heure des citoyens conscients de leurs devoirs et de leurs responsabilités.

Suivez les « petites A », qui se développent avec une rapidité prodigieuse ! Aujourd'hui, on en compte cinq mille, et il n'en existait que quelques-unes, il y a cinq ans. Dans dix ans, si le mouvement continue, chacune des trente-six mille communes de France aura sa petite A. Imaginez une fédération de toutes ces Sociétés, agissant dans un même esprit. Ce sera la transformation de la vie économique et de la vie sociale.

Ce mouvement, d'une portée immense, on le doit à M. Ed. Petit, Inspecteur général de l'Université.

Apôtre infatigable, il parcourt la France depuis des années, semant partout la bonne parole, soulevant des millions de bonnes volontés. MM. les Instituteurs, toujours prêts à de nouveaux dévouements, s'empressent de répondre à son appel (1).

❖❦❖

5. Des catégories de Sociétés de Secours mutuels (2).

1° *Quelle est la nouvelle loi qui régit les Sociétés de Secours mutuels ?*

C'est celle du 1ᵉʳ avril 1898, qui a abrogé la loi de 1850 et les

---

(1) Nous engageons nos lecteurs à lire les Rapports si instructifs, si réconfortants sur l'*Education populaire*, par M. Ed Petit, auxquels nous empruntons les passages suivants :

« Les 60,000 enseignants, brevetés, licenciés, agrégés, avocats, « médecins, ingénieurs, écrivains, professionnels ou bien volontai- « res de la pédagogie, qu'a fait surgir la foi dans « l'action neces- « saire », dans le « lendemain de l'école », inclinent les consciences « aux vertus civiques, a la solidarité. Ils les habituent, en fondant « sur tous les points du territoire, des mutualites, des associations, « à l'idée, à la pratique de l'épargne, de l'énergie effective, de l'ini- « tiative agissante. »

« ... Que faut-il penser de ces millions d'écoliers et d'écolières « qui, chaque lundi, remettent aux éducateurs nationaux, outre le « petit sou de la prévoyance réservé pour la retraite, le petit sou « de la générosité et de l'aide mutuelle qui sera transformé en « jour- « nées de maladie » réparties entre les condisciples dans le besoin ? « L'école primaire ne devient-elle pas l'école de la solidarité ?

(2) Société de secours mutuels, mutualité, mutuelle sont synonymes.

décrets de 1852 et 1856, en ce qu'ils ont de contraire aux dispositions de cette nouvelle loi (voir à la fin).

2° Combien y a-t-il de catégories de Sociétés ?
Il y en a trois : 1° Les Sociétés *libres* (anciennement dites *autorisées*) ; 2° les Sociétés *approuvées* ; 3° les Sociétés reconnues *d'utilité publique (les différences sont expliquées dans la nouvelle loi, art. 14 et suivants).*

3° Combien y a-t-il en France de Sociétés ?
Il y a :
(A) 3,000 sociétés libres, comptant 300,000 membres et possédant un capital de 40,000,000 ;
(B) 9,000 sociétés approuvées, comptant 2,000,000 de membres, ayant une réserve de 300,000,000.
(C) 14 sociétés reconnues d'utilité publique.

En résumé, sur les 38,000,000 de Français, il y a 2,500,000 mutualistes, qui sont répartis dans 12,000 sociétés, possédant 400,000,000 d'épargne. On calcule que 10,000,000 de Français, des deux sexes, vivent du produit de leur travail. Sur ce nombre, 2,000,000 dépassent 60 ans. Pour constituer une pension de 300 francs à ces 2,000,000 de personnes, il faudrait un capital de 30,000,000,000. (Le problème actuel consiste à gagner à la mutualité 7 à 8.000.000 de citoyens).

6. Dispositions nouvelles de la loi du 1er avril 1898.

1° Les membres *honoraires* peuvent devenir participants (art. 3.)
2° Les *femmes* ont le droit de faire partie des sociétés et même d'en créer sans l'autorisation du mari (art 3.)
3° Les *mineurs* peuvent faire partie d'une société sans l'autorisation de leur tuteur légal (art. 3.)
4° Les sociétés peuvent s'unir par canton, département et région et former même entre elles une seule mutualité pour toute la France (art. 8.)
5° L'intérêt de faveur du 4 1/2 % est accordé aux Sociétés approuvées qui déposent leurs fonds à la Caisse des dépôts et consignations.
6° Le *livret individuel* offre une facilité nouvelle pour constituer des pensions.
7° Les médaillés mutualistes peuvent porter publiquement leurs distinctions (art. 39.)

L'activité fait naître l'activité; plus on a de travail, plus on en fait.

(Les récompenses décernées tous les trois ans aux personnes qui se sont particulièrement dévouées aux œuvres de mutualité, consistent en : mentions honorables, médailles de bronze, d'argent, de vermeil ou d'or.

Pour la médaille de *bronze* : ruban noir avec liseré bleu ; pour la médaille d'*argent* : liseré d'argent de chaque côté de la partie bleue à l'intérieur ; pour la médaille d'*or* : liseré d'or de chaque côte de la partie bleue à l'intérieur.)

✦❈✦

7. Quels sont les avantages des Sociétés *approuvées ?*

Gardez-vous de confondre les trois catégories de sociétés prévues à l'art. 14 de la loi du 1er avril 1898 et ne vous affiliez à une association qu'à bon escient.

Défiez-vous notamment des sociétés qui promettent des retraites irréalisables.

Les sociétés approuvées fonctionnent sous la surveillance et le contrôle de l'Etat. Elles ont de nombreux avantages.

1° Faculté d'acquérir des immeubles :

2° Obligation pour la commune de fournir gratuitement 1 s locaux nécessaires pour leurs réunions ainsi que les livrets et registres nécessaires à l'Administration et à la comptabilité ;

3° Exemption des droits de timbre et d'enregistrement pour les actes intéressant la société, actes de l'état-civil, reçus de cotisations ;

4° Bénéfice de l'intérêt du 4 1/2 % (au lieu de 3 %) pour les sommes versées à la Caisse des dépôts et consignations (cette faveur est d'une grande importance, aucun pays n'accorde semblable faveur à la mutualité) ;

5° Droits aux subventions de l'Etat et aux majorations de pension ;

6° Droit de servir de pensions par l'intermédiaire de la Caisse nationale des retraites ;

7° Réduction de 2/3 du droit municipal sur les convois dans les villes où ce droit existe.

Devoir écrit. — Combien y a-t-il de catégories de Sociétés ? Résumer les princpaux avantages des Sociétés approuvées.

✦❈✦

L'Association, sous toutes les formes, dominera le 20mo siècle, finira par régénérer les masses populaires et par elles la Société elle-même (*S. Mill*).

Malheur à l'homme seul !

8. Comment organise-t-on une Société *approuvée ?*

1° Un *comité provisoire* est chargé de rédiger les statuts (sur papier libre, en quatre exemplaires) ;

2° Il suffit qu'un exemplaire sous forme d'original soit signé par les membres du *Bureau provisoire* qui comprend : Un Président, un Vice-Présìdent, un Secrétaire, un Trésorier et six autres adhérents (tous doivent être Français et majeurs).

Pour les autres exemplaires, on indique la mention : Ont signé à l'original.

3° Les quatre copies des statuts sont envoyées à la Préfecture ou à la Sous-Préfecture accompagnées : d'une demande sur papier libre en vue d'obtenir l'approbation et d'une liste des membres fondateurs indiquant les qualités et résidences.

Quand l'approbation a été donnée, le Comité provisoire provoque une assemblée générale qui nomme un Bureau définitif.

Questionnaire. Qu'appelle-t-on : Bureau provisoire ? Statuts ? Que signifie approbation ?

❖❀❖

9. Comment fonctionnent les Sociétés approuvées et qu'appelle-t-on *compte-courant* et *fonds commun ?*

Ces Sociétés assurent généralement : 1° Des secours pour maladie ; 2° des pensions de retraites.

Les excédents de recettes sur les dépenses, c'est-à-dire les économies, sont versés à la caisse des dépôts et consignations. D'après l'art 21, ces Sociétés ont la faveur d'y placer leurs capitaux :

1° Soit en *compte courant disponible,* pouvant être retirés librement, après quelques jours de préavis ;

2° Soit à leur compte du *fonds commun de retraites,* qui demeure *aliéné,* autrement dit intangible, pour la Société ; il

---

Les bonnes habitudes et l'ordre rendent l'épargne facile.

Tous les Français ont le devoir de se faire à la fois les serviteurs et les guides de la Mutualité.

appartient en commun aux sociétaires passés, présents et futurs; on dit aussi que ce fonds est *inaliénable*, c'est-à-dire inattaquable. Ce fonds, qui s'accroît chaque année des sommes que la Société y verse et des subventions qu'elle reçoit, est destiné à constituer des pensions de retraite, ainsi que l'explique le chapitre suivant.

Les subventions et cotisations, ou dons des honoraires, sont obligatoirement versés à ce fonds, puisqu'ils sont donnés à la Société, c'est-à-dire à la communauté.

Période d'évolution normale. — Remarquez que le fonds commun grossit sans cesse puisque la Société ne peut le retirer, il appartient, non a la génération présente, mais aux générations passées et futures. Nos descendants ont sur l'avoir social le même droit que nous avons reçu de nos prédécesseurs. Pour nous acquitter envers ces derniers, nous devons augmenter le patrimoine qu'ils nous ont légué.

On calcule qu'après 50 ans d'existence environ, une Société a accompli sa *période d'évolution normale*, c'est-à-dire que le fonds commun est suffisant pour garantir le paiement de pensionnes nouveaux remplaçant les décédés.

Tout en veillant à l'accroissement de ce fonds, les sociétaires peuvent se poser la question suivante · *La génération actuelle est-elle plus ou moins favorisée que la génération future ?*

Après avoir répondu a cette question, on peut, en connaissance de cause, majorer les pensions actuelles par des allocations viagères, conformément à l'art. 25.

❖❖❖

10. Comment liquide-t-on les pensions ?

Une Société peut, d'après l'art. 23, servir les pensions de deux façons. Supposons le paiement d'une retraite de 35 francs. Elle peut :

1° Remettre cette somme *directement* au sociétaire, en la prélevant sur les intérêts ou arrérages, qu'elle retire à 4 1/2 % de ses fonds versés à la Caisse des dépôts et consignations ;

2° Ou bien prélever sur ces fonds une somme de 857 francs, qu'elle remet à la Caisse nationale des retraites, qui s'engage à payer la pension durant la vie du sociétaire et à rendre à la Société ledit capital, au décès du titulaire (*capital qui fait retour* au fonds commun, pour servir à liquider d'autres pensions). 857 francs, à 3 fr. 50, produisent 30 francs ; les 5 autres francs proviennent d'une bonification de l'Etat, à raison de 0.50 % (1).

_____

(1) Cette majoration de 0.50 n'est pas allouée sur les pensions servies directement. (Circul. 27 août 1900.)

N. B. — Il est plus avantageux, pour une Société, de payer directement ses pensions, puisque 857 francs, à 4 1/2 %, rapportent 38 fr. 50 : d'où économie de 3 fr. 50 pour une pension de 35 francs, ce qui donnerait 10 francs pour une pension de 100 francs.

Toutefois, une Société fait bien de ne payer les pensions directement que lorsque le fonds commun est insuffisant à les servir autrement, parce que, plus on verse à ce fonds, plus la subvention est élevée.

Questionnaire — Qu'appelle-t-on : Compte courant disponible ? Fonds commun ? que signifie : Inaliénable ? Arrérages ?

11. Comment calcule-t-on les subventions ?

L'Etat alloue des subventions, à titre d'encouragement, aux Sociétés qui font, chaque année, des versements à leur *fonds de retraite*, d'après les bases suivantes :

1° Une somme égale *au quart* du versement fait dans l'année, par la Société à son compte « fonds de retraites » ;

2° Plus un franc par membre participant des Sociétés qui assurent, à la fois, le service des retraites et celui de la maladie (cinquante centimes seulement, si la Société n'assure que la retraite) ;

3° Plus un franc par membre participant, âgé de plus de 55 ans, des Sociétés qui assurent, à la fois, le service de la maladie et celui des retraites (0 fr. 50 seulement, si la Société n'assure que le service des retraites).

Restrictions. — Si le nombre des membres participants est égal ou inférieur à mille, la subvention ne peut excéder 3.000 francs. Si le nombre est supérieur, la subvention ne peut excéder ce nombre multiplié par trois, sans pouvoir dépasser 10.000 francs.

En aucun cas, la subvention ne peut être supérieure au versement.

Outre les sommes précitées, les Sociétés approuvées reçoivent, annuellement, une subvention variant de dix à trente centimes par tête de sociétaire, sur les fonds abandonnés des caisses d'épargne (sans que le chiffre de la subvention puisse dépasser quatre mille francs).

Qu'appelle-t-on Fonds de dotations (art. 26) ? — Par décret du 27 mars 1852, il a été prélevé 10 millions de francs sur le produit

La Mutualité a une portée considérable, et l'on peut dire avec raison qu'elle résoudra pratiquement le 3ᵐᵉ terme de notre devise républicaine : la FRATERNITÉ

de la vente des biens de la famille d'Orléans, pour constituer la *dotation*. Ce sont les intérêts de cette somme, placée à la Caisse des dépôts et consignations, qu'on désigne sous le nom d'*arrérages de dotations*.

Problème. — Calculer la subvention qui sera allouée à une Société comptant 600 sociétaires (dont 20 âgés de plus de 55 ans), qui a versé 2 000 francs à son fonds de retraite.

✦❈❈✦

12. Calcul des majorations de pension et des rentes viagères (Loi du 31 décembre 1895).

(A) Au moment de la liquidation de pension, l'Etat accorde une bonification variant de 5 à 10 francs.

Ainsi, par exemple, l'Etat fournit une somme à capital aliéné, pour grossir de 7 francs la pension, quand la Société n'a versé que le capital réservé, suffisant pour obtenir 43 francs de retraite.

(B) En outre, pour encourager la prévoyance, l'Etat accorde des majorations aux pensionnaires des Sociétés de secours mutuels et aux titulaires de livrets à la Caisse nationale, qui remplissent les conditions suivantes :

1° Etre âgé de 68 ans ; 2° avoir payé des cotisations à une Société de secours mutuels, ou fait des versements à la Caisse nationale pendant 20 ans ; 3° Avoir un revenu inférieur à 360 francs (y compris sa pension). La majoration ne peut excéder le 1/5 de la rente primitive.

(c) En sus de ces majorations, il est alloué une bonification spéciale aux personnes, remplissant les conditions précédentes, qui auront élevé quatre enfants jusqu'à l'âge de trois ans.

N. B. — *La pension d'un sociétaire ne peut être inférieure à 30 francs, ni supérieure au décuple de la cotisation annuelle.* (Décret du 26 avril 1856). Mais, en vertu de l'art. 25, une Société peut accorder, en sus du décuple, des allocations annuelles variables aux pensionnés.

✦ ❈❈ ✦

L'IMPRÉVOYANT est un infirme de l'esprit qui ne sait pas s'imposer un sacrifice momentané pour se procurer la sécurité de l'avenir Il vit au jour le jour sans idéal, sans ambition, sans but, sans volonté.

On doit mener sa vie au lieu de se laisser mener par elle.

L'esprit de calcul ne vaut-il pas mieux que l'esprit d'imprévoyance ?

13. Une bonne institution : La Caisse nationale des Retraites pour la vieillesse.

Cette caisse, réorganisée par la loi du 20 juillet 1886 et le décret du 28 décembre suivant, *n'est pas assez connue des classes laborieuses*. On ne saurait trop appeler leur attention sur les avantages de cette institution, qui offre toute sécurité, puisqu'elle fonctionne sous la garantie de l'Etat. (M. le Directeur de la Caisse des dépôts et consignations, à Paris, rue de Lille, 56, est chargé, en même temps, de la gestion de la Caisse nationale des retraites).

Son but. — Pour favoriser l'épargne populaire, elle reçoit les plus modestes économies. Elle permet : 1° *Au travailleur* de s'assurer, par un léger prélèvement sur son salaire quotidien, une retraite pour ses vieux jours, 1.200 fr. au maximum, avec jouissance à partir de 50 ans.

2° Au père de famille, par un petit sacrifice de mettre ses enfants à l'abri du besoin pour la fin de leur carrière ;

3° Aux personnes âgées et disposant d'un petit capital de se procurer des *rentes immédiates*, avantageuses et sûres (à partir de l'âge de 50 ans, les rentes peuvent être immédiates) ;

4° Aux communes, aux établissements, aux sociétés, aux particuliers bienfaisants, aux chefs d'industrie de distribuer des livrets à titre de récompense, afin de répandre les habitudes d'ordre et d'économie. Ce genre de libéralité est recommandé, car on crée ainsi au bénéficiaire une ressource qu'il ne peut pas détruire et on initie les familles aux pratiques de la prévoyance.

—*Versements.*— Les versements sont reçus chez les Trésoriers-Payeurs généraux, les Receveurs des finances, les Percepteurs et dans les Bureaux de poste. On peut verser de 1 à 500 fr. la même année (1 000 fr. pour deux conjoints ; les sommes déposées par les personnes mariées non séparées de bien sont obligatoirement partagées par moitié). — Le déposant reçoit un *livret individuel* constatant ses versements. On peut verser au profit des enfants de trois ans.

L'Etat n'est pas un père dont les fils peuvent sans faillir à leur dignité tout espérer et tout attendre (*Félix Faure*).

Travaille ou meurs, c'est la devise de la nature.

Si tu cesses de travailler, tu mourras intellectuellement, moralement et physiquement.

Sois de bonne humeur et accoutume-toi à trouver la vie amusante, c'est le seul moyen de se défendre du pessimisme.

Facilité des versements.— Ils peuvent être commencés dans un lieu et continués dans un autre. Le disposant peut les interrompre et les recommencer à son gré, augmenter ou diminuer son dépôt annuel, sans que les résultats déjà acquis soient modifiés.

Dans la plupart des sociétés, on doit verser tant par mois, sinon l'on est amendé pour retard de cotisations ou pour absences aux assemblées ; de plus, on peut être rayé ou exclu. Mais, à la Caisse nationale, tout cela est évité. On verse le jour où l'on peut.

Capital aliéné et capital réservé. — Le déposant peut : 1° Ou *aliéner* son capital, c'est-à-dire l'abandonner à la Caisse nationale, en augmentation de la rente ; 2° ou *réserver* le capital, c'est-à-dire, qu'en cas de décès, le capital (non les intérêts), est remboursé, soit aux héritiers du déposant, soit à un donateur, quelle que soit l'époque du décès, qui peut avoir lieu *avant* ou *après* l'entrée en jouissance de la rente viagère.

Pour augmenter ses rentes, le déposant peut : 1° A toute époque, *aliéner* tout ou partie de son capital réservé ; 2° dans le trimestre, qui précède l'entrée en jouissance de la rente, déclarer reporter cette jouissance à une autre année.

Rente viagère anticipée. — *Notez bien que si, avant l'époque fixée pour l'entrée en jouissance, le déposant se trouve dans l'incapacité absolue de travailler, par suite de blessures graves ou d'infirmité régulièrement constatées, il est mis en possession immédiate, même avant 50 ans, d'une pension proportionnelle à son âge et à ses versements.*

Capitalisation. — La Caisse nationale, tenant compte des chances de mortalité, sert un intérêt de 3 1/2 % ; mais ce placement ressort à 4 %, pour les pensions inférieures à 360 francs, grâce à une majoration de 0 fr. 50 que l'Etat accorde. *(Voir chap. 12.)*

Les rentes viagères sont garanties par l'Etat et payées par trimestre chez les Receveurs des Finances et les Percepteurs.

N. B. — *Nous publions, ci-après, un extrait des tarifs actuellement en usage, afin de permettre aux mutualistes de faire des calculs sur les placements à la Caisse nationale des retraites.*

Il est bon de familiariser de bonne heure les jeunes gens avec les calculs de retraite et d'assurance. (Les tarifs complets sont envoyés, contre 0 fr. 15, par la Caisse nationale).

Questionnaire. — Qu'appelle-t-on : Caisse nationale des retraites pour la vieillesse ? Versements facultatifs ? Capital aliéné ? Capital réservé ? Rente viagère immédiate ? Rente viagère anticipée ? Capitalisation ?

Aide-toi, l'Etat t'aidera. C'est une illusion niaise de compter que l'Etat-Providence doit tout faire.

TABLEAU A. — **Rente Viagère produite par le versement**
annuel d'un franc qui serait effectué régulièrement
jusqu'à la retraite (Tarif 3 1/2 %).

AGES au PREMIER versement	CAPITAL ALIÉNÉ				CAPITAL RÉSERVÉ			
	JOUISSANCE DE LA RENTE A				JOUISSANCE DE LA RENTE A			
	50 ans	55 ans	60 ans	65 ans	50 ans	55 ans	60 ans	65 ans
	fr. c	fr. c	fr. c	fr. c	fr. c	fr. c	fr. c	fr. c
3 ans..	11 08	16 60	26 05	43 84	8 02	11 90	18 51	30 91
4	10 57	15 85	24 90	41 93	7 61	11 80	17 58	29 38
5	10 03	15 14	23 80	40 11	7 21	10 72	16 70	27 92
6	9 61	14 45	22 74	38 36	6 84	10 17	15 86	26 52
7	9 15	13 79	21 73	36 67	6 48	9 65	15 05	25 17
8	8 72	13 15	20 75	35 05	6 13	9 14	14 27	23 89
9	8 30	12 54	19 81	33 49	5 80	8 66	13 53	22 66
10	7 89	11 95	18 90	31 99	5 48	8 20	12 82	21 49
11	7 50	11 39	18 03	30 54	5 18	7 76	12 14	20 36
12	7 13	10 84	17 19	29 15	4 89	7 34	11 50	19 29
13	6 77	10 31	16 38	27 81	4 62	6 94	10 88	18 26
14	6 42	9 81	15 60	26 51	4 35	6 55	10 29	18 28
15	6 08	9 32	14 85	25 27	4 10	6 18	9 72	16 34
16	5 76	8 85	14 13	24 08	3 86	5 83	9 18	15 45
17	5 45	8 40	13 44	22 93	3 63	5 50	8 67	14 59
18 .. .	5 16	7 97	12 78	21 83	3 41	5 18	8 18	13 78
19	4 87	7 55	12 14	20 77	3 20	4 87	7 71	13 00
20	4 60	7 15	11 53	19 76	3 00	4 58	7 26	12 26
25	3 40	5 40	8 83	15 28	2 14	3 32	5 33	9 05
30	2 42	3 98	6 64	11 66	1 46	2 34	3 81	6 55
35	1 63	2 83	4 88	8 73	0 94	1 58	2 64	4 61
40	0 99	1 90	3 44	6 35	0 54	1 00	1 75	3 13
45	0 48	1 15	2 29	4 44	0 25	0 57	1 09	2 03
50	0 07	0 55	1 37	2 91	0 03	0 25	0 00	1 22
55	»	0 08	0 64	1 71	»	0 03	0 26	0 66
60	»	»	0 09	0 79	»	»	0 03	0 27
65 ans et au-dessus	»	»	»	0 11	»	»	»	0 03

Après le pain, l'instruction est le premier besoin du peuple (*Danton*).

Qui a l'éducation a l'avenir (*Liebnitz*).

TABLEAU B. — **Rente Viagère produite par le** *versement unique de 100 francs* (Tarif 3 1/2 %)

AGES au versement	CAPITAL ALIÉNÉ				CAPITAL RÉSERVÉ			
	JOUISSANCE DE LA RENTE A				JOUISSANCE DE LA RENTE A			
	50 ans	55 ans	60 ans	65 ans	50 ans	55 ans	60 ans	65 ans
	fr. c	fr. c.	fr. c.	fr. c.	fr. c.	fr. c.	fr. c.	fr. c.
»	»	»	»	»	»	»	»	»
»	»	»	»	»	»	»	»	»
3 ans..	51 22	74 66	114 77	190 32	41 15	59 98	92 21	152 91
4	49 11	71 58	110 05	182 49	39 40	57 43	88 29	146 41
5	47 15	68 73	105 06	175 22	37 72	54 99	84 53	140 17
6	45 32	66 06	101 57	168 42	36 11	52 64	80 92	134 19
7	43 61	63 56	97 71	162 03	34 56	50 38	77 45	128 43
8	41 98	61 19	94 07	155 99	33 07	48 20	74 10	122 88
9	40 43	58 93	90 60	150 24	31 63	46 11	70 89	117 55
10	38 95	56 77	87 27	144 72	30 25	44 09	67 79	112 41
11	37 51	54 68	84 06	139 40	28 92	42 15	64 80	107 45
12	36 12	52 65	80 94	134 22	27 63	40 28	61 92	102 69
13	34 77	50 67	77 91	129 19	26 40	38 48	59 16	98 04
14	33 44	48 75	74 94	124 27	25 21	36 75	56 49	93 68
15	32 15	46 86	72 05	119 47	24 07	35 08	53 93	89 43
16	30 89	45 02	69 22	114 78	22 97	33 48	51 47	85 34
17	29 66	43 23	66 47	110 22	21 91	31 94	49 10	81 42
18	28 47	41 49	63 79	105 77	20 90	30 46	46 83	77 66
19	27 30	39 80	61 18	101 46	19 93	29 04	44 65	74 04
20	26 18	38 16	58 66	97 27	18 99	17 68	42 56	70 58
25	21 10	30 84	47 41	78 62	14 88	21 69	33 35	55 30
30	17 15	24 99	38 42	63 71	11 35	16 84	25 89	42 93
35	13 89	20 24	31 12	51 61	8 86	12 91	19 85	32 91
40	11 22	16 35	25 13	41 67	6 68	9 73	14 96	24 80
45	9 00	13 11	20 16	33 42	4 92	7 17	11 02	18 28
50	7 13	10 40	15 98	26 50	3 52	5 12	7 88	13 06
55	»	8 05	12 37	20 51	»	3 52	5 41	8 97
60	»	»	9 31	15 43	»	»	3 53	5 85
65 ans et au-dessus	»	»	»	11 13	»	»	»	3 53

Le peuple qui a les meilleures écoles, est le premier peuple : s'il ne l'est pas aujourd'hui, il le sera demain (*J. Simon*).

La science sans la conscience est un mal.

14. Exemples et Problèmes (D'après les tableaux).

Une économie de 10 centimes par jour, soit 36 francs par an, faite depuis 16 ans :

Jusqu'à 50 ans produirait une rente de 139 fr. a capital réservé et de 208 fr. à capital aliéné
— 60 — 331 509

Un père de famille qui verserait par jour 10 centimes sur la tête d'un enfant, soit 36 francs par an, depuis l'âge de 3 ans jusqu'à l'âge de 21 ans inclusivement, lui assurerait :

Avec jouissance à 50 ans une rente de 194 fr. à capital réservé et de 252 fr. à capital aliéné
— 60 — 435 fr. — 561 —

Un père de famille effectue un seul versement de 100 francs sur la tête de son enfant âgé de 3 ans ; la rente acquise serait :

Pour la jouissance a 60 ans, à capital réservé, de 92 fr.; à capital aliéné de 115 fr.

Un livret de 50 francs donné en prix à un enfant de 10 ans, lui-assure, à capital aliéné :

Avec jouissance à 60 ans, une rente de 14 francs.

1° Quelle rente aurez-vous à 60 ans, si vous économisez. à partir de l'âge de 20 ans, 1 franc par mois, pour le placer : 1° à capital aliéné ; 2° à capital réservé ?
Réponse.

2° Quelle rente aurez-vous à 60 ans, si vous versez une seule fois 200 francs, à l'âge de 30 ans : 1° à capital aliéné ; 2° à capital réservé ?
Réponse.

3° Quelle rente viagère *immédiate* obtient-on en versant 1,000 francs à 50 ans : 1° à capital aliéné ; 2° à capital réservé ?
Réponse.

4° Combien, à votre âge, devez-vous verser annuellement, à capital aliéné, pour avoir droit à une pension de 300 francs à 50 ans ?
Réponse.

5° Calculer la rente produite par l'économie du sou par jour, du franc par mois, du franc par semaine.
Réponse.

Abandon des capitaux. — Un déposant, âgé de 45 ans, déclare abandonner une somme de 2,000 francs, montant de versements qu'il a d'abord effectués a capital réservé. Quelle rente, à 55 ans, produira l'abandon ?
Réponse : 118 fr. 80.

Solution pour 100 francs : 2ᵉ tableau : 13.11 à capital aliéné.
7.17 à capital réservé.

Différence : 5.94

Pour 2.000 francs la plus-value sera de 5.94 × 20 = 108 80

Rien ne sert de courir, il faut partir à point et commencer ses versements de bonne heure.

La Caisse nationale des retraites est, dit-on « une vraie poule aux œufs d'or ».

Caisse d'assurances. — Une caisse d'assurances en cas de *décès* (3,000 francs au maximum) et en cas *d'accidents* résultant de travaux agricoles ou industriels, fonctionnent aussi a la Caisse nationale.

Ainsi, une personne de 20 ans, qui verse annuellement 50 fr. 85 jusqu'à 60 ans, se constituera une rente viagère de 360 francs, et assurera, après son *troisieme versement* (en cas de décès) un capital de 1,000 francs à ses heritiers (Demander les tarifs Lois des 11 juillet 1868 et 17 juillet 1897. Décrets des 10 août 1868, 13 août 1877 et 27 avril 1900)

15. A quelles Sociétés faut-il s'affilier ?

Les écoliers ne doivent pas hésiter à adhérer aux « petits Cavé » (chap. 17). Plus tard, ils tâcheront de s'affilier à une ou deux sociétés *locales approuvées* ou à une bonne société *libre*, dont les statuts soient bien conçus.

Les personnes qui sont trop âgées pour entrer dans une mutuelle feront bien de s'adresser à la Caisse nationale de retraites, qui leur servira une retraite à un âge fixe, ou une retraite immédiate, si elles ont plus de 50 ans.

Notez : 1° Que, dans les sociétés, on n'est pas admis après la trentaine, par exemple ; 2° que les compagnies d'assurances encaissent de gros bénéfices, à nos dépens

A la Caisse nationale, il n'y a point de limite d'âge ; les dépôts produisent leur maximum de revenu. La Caisse sert jusqu'à 1.200 francs de pension. Les pensions de la Caisse nationale étant calculées d'après l'âge et les versements des déposants, on n'a pas à redouter les iniquités monstrueuses qu'offrent les tontines pseudo-mutualistes, dans lesquelles on trompe les travailleurs.

16. Défiez-vous des Sociétés pseudo-mutualistes.

Epargner ne suffit pas : il faut que les économies soient bien placées.

L'art. 2 de la loi du 1er avril 1898 ne considère pas comme

Avant de vous affilier à une Société, ne manquez pas de vous reporter aux tableaux des pages 16 et 17 qui servent de base aux calculs des pensions. Tenez compte du chiffre de la cotisation, de la capitalisation, des bonifications, des chances de survie, etc , car la mutualité repose avant tout sur l'arithmétique. Ne perdez jamais de vue les prescriptions du du décret d'avril 1856 portant que la pension est évaluée au DÉCUPLE de la cotisation (soit 120 francs pour 12 francs de cotisation).

mutualités certaines sociétés dites *autorisées* avant la promulgation de cette loi ; ces associations sont des *tontines* qui ne respectent pas le principe fondamental : *A charges égales, profits égaux.*

Dans ces sociétés, le premier quart environ des adhérents se constitue de gros revenus au détriment des sociétaires inscrits ultérieurement. Sous le masque de la philanthropie, des spéculateurs drainent ainsi les économies des classes laborieuses et abusent surtout de l'inexpérience des *mineurs* en promettant de les faire rentiers au bout de 15 à 20 ans.

Les statuts de ces tontines contiennent généralement un article conçu ainsi : «*Après 15 ou 20 ans de sociétariat, les membres se partagent les intérêts du capital accumulé.*»

Qu'arrive-t-il ? Les partageants de la première année reçoivent une grosse pension qui diminue fatalement les années suivantes, parce que le nombre de ces co-partageants augmente dans une progression plus grande que l'accroissement des rentes à distribuer (le capital étant inattaquable).

Ainsi, il est démontré, par des calculs irréfutables, qu'une société que nous ne nommerons pas, pouvait, en vertu de de l'article précité, allouer à chacun des 600 co-partageants de la première année, une pension de 3.000 fr. ; la deuxième année du partage, chacun des 1.200 ayants-droit aurait 600 fr. ; pour la troisième année, chacun des 3.600 ayants-droit aurait reçu 200 fr., etc.. Au bout de 8 à 10 ans, la pension n'est plus que de 12 fr. !!!

C'est un placement à 3.000 % pour les premiers adhérents ; mais que penser de cette grande disproportion des dividendes entre des sociétaires ayant tous versé 1 fr. par mois ? Est-ce moral ? Il y a donc des exploiteurs et des exploités. C'est commettre une mauvaise action que d'inciter des enfants et des braves gens inexpérimentés, à adhérer aux sociétés contenant l'article inique ci-dessus. A l'âge de la vieillesse, alors qu'ils ne pourront plus travailler, ils s'apercevront, mais trop tard, qu'ils ont été dupés. Avec leurs 20 sous par mois, ils auraient mieux fait d'adhérer à une bonne mutuelle *locale*, payant des indemnités en cas de maladie et servant, en outre, une retraite de 120 fr. (le décuple de la cotisation); ils auraient eu aussi une retraite plus élevée en s'adressant à la Caisse nationale des retraites.

Les travailleurs honnêtes doivent être protégés contre les roueries des financiers. C'est pour ce motif qu'en septembre 1900, le Ministère a invité 37 tontines, soi-disant « philanthropiques » à modifier leurs statuts, afin d'assurer les mêmes avantages à tous les sociétaires. Cette décision a mis fin à un scandale qui éloignait de la vraie mutualité des milliers de travailleurs.

❖❦❧❖

En mutualité, comme en tout, les illusions sont suivies de déceptions quand on ne tient pas compte de l'expérience des faits ou des bases scientifiques.

17. Capitalisation.

TABLEAU C. — Placement annuel d'un franc à intérêts composés à 4 1/2 %

AGES	SOMME PRODUITE par la capitalisation après un nombre d'années	
	fr.	c.
1 ans..	1	04
2	2	13
3	3	27
4	4	47
5	5	71
6	7	01
7	8	38
8	9	80
9	11	28
10	12	84
11	14	46
12	16	15
13	17	93
14	19	78
15	21	71
16	23	74
17	25	85
18	28	06
19	30	37
20	32	78
21	35	30
22	37	93
23	40	68
24	43	56
25	46	57
26	49	71
27	52	99
28	56	42
29	60	»
30	36	75

Application. — Quel est le total des sommes capitalisées par un Sociétaire qui paie une cotisation annuelle de 10 fr. pendant 30 ans?

D'après le tableau ci-contre, le versement annuel d'un franc produit 63 fr. 75; donc 10 fr. produiront 63.50 $\times$ 10 = 637.50.

A cette somme, il faut ajouter le montant des subventions correspondantes aux cotisations annuelles qui ont été versées aux fonds de retraite, soit le 1/4 de 10 fr. plus 1 fr. pour Sociétaire, total 2.50 + 1 = 3.50 (voir chap. 11).

Ces 3 fr. 50 capitalisés aussi annuellement auraient produit en 30 ans 63.50 $\times$ 3.50 = 223 fr

Donc un Sociétaire qui n'a jamais été secouru pour maladie, grossit, en 30 ans, l'avoir social de 637.50 + 223 = 860 fr 50.

PROVERBES. — Ayez soin des sous, les pièces se conserveront d'elles-mêmes

Les petits ruisseaux font les grandes rivières.

Il faut faire feu qui dure et ne pas brûler la chandelle par les deux bouts.

18. Des « Petites Cavé » ou mutualités scolaires.

Un philanthrope, M. Cavé, ancien juge au tribunal de commerce de Paris, est le fondateur de la Mutualité scolaire.

Souvent il avait constaté : 1° que le livret de caisse d'épargne ordinaire des enfants est retiré par les parents ou gaspillé par le titulaire, à l'époque du tirage au sort ; 2° que l'on entre généralement trop tard dans une société pour pouvoir se constituer une pension notable. Enfin, il avait reconnu qu'il est bon, dès l'école, de parler d'économie et de prévoyance de la maladie à de jeunes enfants, en les incitant au dévouement et à la solidarité envers leurs camarades.

C'est en 1881, dans le 19ᵉ arrondissement, l'un des plus pauvres de Paris, que M. Cavé essaya d'organiser le première société scolaire de secours mutuels.

L'expérience a complètement réussi, car la société mère compte aujourd'hui 4.000 adhérents avec 300.000 fr. d'économie, après avoir dépensé 100.000 fr. en frais de maladie.

Dans un but de propagande et pour faire utilement le bien, M. Cavé a parcouru la France avec M .Petit, inspecteur général, suscitant partout les efforts des braves instituteurs. L'œuvre a marché à pas de géant et, aujourd'hui, 1.500 « petites Cavé » comprenant 400.000 enfants, fonctionnent sur tous les points du territoire ; bientôt notre pays, avec ses nombreuses sociétés fédérées, ne formera qu'une vaste mutualité.

Les « Petites Cavé » se sont répandues en Belgique, en Hollande, etc. Elles auront bientôt fait le tour du monde.

But de la mutualité scolaire. — Elle se propose : (A) *Dans l'intérêt des sociétaires :* 1° De donner à l'enfant des habitudes d'épargne ; 2° de l'initier de bonne heure au fonctionnement des sociétés de secours mutuels , 3° de lui assurer deux retraites pour l'âge de la vieillesse ; 4° de faciliter, a la sortie des classes, l'admission des enfants dans les sociétés de secours mutuels d'adultes ; 5° de faciliter leur placement.

(B) *Dans l'intérêt des parents :* 1° De leur allouer, pendant la maladie de leur enfant, 0 fr. 50 par jour ; 2° de leur accorder, en cas de décès de leur enfant, une indemnité de 25 francs, pour frais funéraires, etc.

Mécanisme des « petites Cavé ». — Chaque sociétaire verse 0 fr. 10 par semaine, le lundi, entre les mains de l'instituteur

---

La mutualité scolaire a pénétré dans tous les départements ; ses progrès, ses victoires s'expliquent, car ils corresondent à des aspirations précises, à un irrésistible élan des intelligences et des cœurs vers une FOI NOUVELLE (*Ed. Petit*).

(soit 5 fr. 20 par an) ; il peut payer plusieurs semaines d'avance. Que deviennent ces deux sous ?

(A) Un sou est affecté à la Caisse de secours de la Société, pour servir au fur et à mesure des besoins, des indemnités de maladie. Un *livret de pension mutualiste* est délivré à l'élève.

(B) L'autre sou sert à constituer *un livret individuel de la Caisse nationale de retraites*, à capital réservé. L'expérience démontre que les 2 fr. 60 affectés à la Caisse de secours ne sont dépensés qu'à moitié ; il reste 1 fr. 30 de disponible.

Supposons que la Société compte 100 membres. C'est 130 fr. d'économies annuelles, que la Société verse à la Caisse des dépôts et consignations, pour constituer un *fonds commun de retraites inaliénable*.

Or, l'Etat donne à la Société, en raison de ce versement, une subvention du 1/4 de la somme économisée, plus 1 fr. par sociétaire.

Dans l'exemple ci-dessus, l'Etat devrait donner :

$$\frac{130}{4} + 100 = 132 \text{ fr. } 50$$

Mais la subvention ne doit pas dépasser la somme versée, elle sera ramenée à 130 fr., soit 1 fr. 30 par sociétaire (1).

Au total, c'est donc $130 + 130 = 260$ francs, que la Société inscrira à son compte *fonds de retraites* (2)

C'est à l'aide de ce fonds commun que la Société servira une *pension de mutualiste* à l'adhérent âgé de 55 ans, s'il compte au moins 15 années de sociétariat (pension qui sera d'autant plus élevée que la Société sera plus prospère).

Outre cette retraite, obtenue avec le *livret de pension mutualiste*, il aura une deuxième pension qu'il recevra de la Caisse nationale des retraites, pension dont le montant s'augmentera, en raison des versements personnels, continués sur le *livret individuel* depuis la date de l'admission jusqu'au moment de la retraite.

Pendant les 15 années de mutualité scolaire, la Société verse en décembre de chaque année, sur ce livret, 2 fr. 60.

Perfectionnements nouveaux. — Le Congrès mutualiste de Montpellier, en 1900, a émis l'avis que le fonctionnement des « petites Cavé » soit simplifié le plus possible et que toute liberté soit laissée aux organisateurs, dont l'initiative pourra s'exercer au mieux des intérêts généraux et locaux. En prévision des décès et des changements de résidence, les solutions suivantes ont paru pratiques :

---

(1) Quand pour 5 francs versés on reçoit 1 fr. 30, la capitalisation ressort à 24 %.

(2) A ces 260 francs, il faut ajouter une autre subvention de 25 francs provenant des fonds abandonnés des caisses d'épargne.

(A) *Décès.* — Que deviennent, en cas de décès, les sommes versées sur le livret de la Caisse nationale des retraites ?

1° La Société s'étant réservé le capital des cotisations et subventions du livret individuel de la Caisse nationale, verse, à titre de don ou secours, conformément aux statuts, aux héritiers du décédé, la *moitié* des cotisations payées.

2° Quant aux versements personnels supplémentaires, ils sont directement remboursés aux héritiers par la Caisse nationale, si ces versements ont été faits à capital réservé (les intérêts sont retenus par la Caisse).

(B) *Changement de résidence.* — En cas de changement de résidence ou d'appel sous les drapeaux, l'argent est-il perdu ? Non, car le sociétaire est admis à acquitter d'avance, pour chaque année d'absence, à raison de 1 fr. 50 par an, sa part de contribution à l'augmentation du fonds commun, de façon à parfaire le minimum de 15 ans de sociétariat et à conserver ses droits à la retraite dans la Société.

D'autre part, en vertu de l'art. 24 de la loi du 1er avril 1898, les Sociétés de secours mutuels peuvent payer les pensions directement, avec les intérêts du fonds commun et, d'après l'art. 8, les sociétés peuvent contracter entre elles des *unions*, en vue de l'admission des adhérents qui changent de résidence.

Il est donc facile, aux Sociétés fédérées, d'admettre, à titre de réciprocité, un immigrant dans la participation au fonds social, aussi bien pour la retraite que pour la maladie. Cette entente entre les mutualités existe déjà dans de nombreux départements.

Quand un sociétaire quitte une résidence, on inscrit, au départ, sur son *livret de mutualiste*, la pension à laquelle il aurait droit, éventuellement, à 55 ans, d'après les tables à 4 1/2 (1).

NOTE — *Variantes.* — Des variantes des « Petites Cavé » fonctionnent à Lille, à la Pacaudière (Loire), etc. Dans ces mutualités, nouveau modèle, on supprime généralement le *fonds commun inaliénable* et, à la fin de chaque année, sur le bénéfice de l'exercice clos, on reporte sur le *livret individuel* la part revenant à chaque adhérent.

Dans la « Grande Landaise », le boni annuel de la Société sert à constituer : 1° un *livret individuel* à la caisse nationale ; 2° un *livret de sociétaire* donnant droit à un petit capital, dot que l'adhérent touchera, à l'âge de 24 ans, ou avant cette époque en cas de mariage. Cette dot pourra servir à l'établir. (Il s'agit ici d'une sorte de caisse d'épargne rapportant 4 1/2.)

N. B. — *Il est avantageux d'être mutualiste. En effet, les calculs prouvent que 5 fr. 25, versés annuellement à la « petite Cavé », de 3 ans jusqu'à 10 ans, produisent 60 francs de retraite (au lieu de 36 francs, si le même versement est fait à la Caisse nationale).*

(1) A la seule condition imposée par la loi d'avoir accompli 15 années de mutualité, y compris les années passées dans la Société qu'il quitte. Le capital reste, mais la pension profite au sociétaire.

Remarquez aussi qu'une cotisation de 5 francs, versée à l'âge de 3 ans, produira 5 francs de retraite à 55 ans.

Utilité sociale.— Dès le bas âge les enfants se rendent compte qu'ils ne peuvent se passer les uns des autres, que leurs intérêts sont liés à ceux de leurs camarades. Il se forme entre eux, dès l'école, des liens de solidarité qui se continueront ensuite. *Les mutualistes scolaires forment la pépinière des mutualités d'adultes.*

Mais, dira-t-on, qui paiera la cotisation des déshérités ? La caisse des écoles, le sou des écoles, de généreux donateurs, y pourvoient généralement.

Les enfants assistés même seront affiliés à la Mutualité. 80.000 enfants abandonnés rentreront ainsi dans la vie commune, par la porte des associations. Dans l'Ardèche, dans l'Aube, le Conseil général a pris à sa charge les cotisations.

Le Congrès mutualiste de 1900 a émis le vœu que les élèves des lycées et collèges soient englobés aussi dans les « petites Cavé. »

« Il faut que les collégiens deviennent les patrons des écoliers, les membres honoraires de la mutualité. Ils apprendront ainsi qu'il y a autour d'eux des enfants déshérités, vers lesquels ils doivent se pencher fraternellement ; ils apprendront le mécanisme de la caisse nationale des retraites »

Voit-on d'ici toutes les mutualités unies entre elles, se donnant la main par dessus les frontières ?

La mutualité scolaire vise aussi à compléter l'éducation des adultes. Elle a introduit, dans les statuts, une cotisation spéciale, dite *trésor d'avenir*, qui contribuera à soutenir l'école du soir, à organiser des conférences populaires, dans lesquelles on discute les questions et utopies sociales de l'heure présente.

Quel sera le montant de la pension ? — Elle sera insignifiante, dira-t-on. Erreur. Les calculs prouvent qu'elle sera de 130 francs environ, si les versements sont continués jusqu'à 55 ans. Revenez de votre étonnement, en considérant qu'à la capitalisation à 4 %, il faut ajouter les subventions, les majo-

---

Pour mériter l'affection de ses semblables et avoir droit à leur appui dans les jours de souffrance, de deuil et de vieillesse, il faut soi-même secourir ceux qui souffrent. La mutualité permet à tous de remplir ce devoir de solidarité (*Cavé*).

La MUTUALITÉ SCOLAIRE montre tout ensemble à l'enfant la puissance de l'épargne et celle de l'association, elle lui apprend la prévoyance pour soi qui est une forme de l'intérêt bien entendu et la prévoyance pour autrui qui est une forme de la fraternité (*Poincarré*).

rations et les bénéfices provenant des membres honoraires, des démissions, de la mortalité,

130 francs de pension, sans préjudice des indemnités de maladie, c'est une aubaine pour le deshérité, c'est le loyer ou le prix du pain, empêchant le vieux travailleur d'être à charge à ses enfants !

On voit quel miracle opère le petit sou de la fraternité, de la bonté ! M. Cavé a non seulement été bien inspiré en admettant les sociétaires dès l'âge de 3 ans, mais il a heureusement réussi à combiner le principe de la prévoyance avec celui de la solidarité. Economiser pour soi tout seul est un acte égoïste ; c'est méconnaître à la fois les mérites de l'association et les devoirs de l'heure présente. Sur les 2 sous de cotisation, l'un est pour soi et l'autre sert à secourir le camarade. Rien d'humiliant pour celui qui reçoit, ni prétexte d'orgueil pour celui qui donne. Donc, l'idée de prévoyance ne dessèche pas le cœur, car la raison et le sentiment sont satisfaits.

Considérons, d'autre part, qu'avec le livret individuel, l'élève se trouve pris dans un engrenage et, devenu homme, il ne résistera pas à un bon mouvement, qui sera de continuer es versements, pour grossir son petit avoir, ou de s'affilier à une Société d'adultes, qui l'enrôlera sans droits d'entrée.

Et, au lieu de prélever 0 fr. 10, quand il gagnera un salaire, s'il économise 0 fr. 20, 0 fr. 30 par semaine, il est évident que sa retraite de 130 francs sera doublée ou triplée.

Quel est le père qui, ayant bien compris le mécanisme des « petites Cavé », ne consente à y faire entrer son enfant ?

Organisation facile des « petites Cavé ». — Tout d'abord, comment grouper les adhérents ? L'association peut comprendre les enfants : 1° D'une seule école, s'ils sont suffisamment nombreux ; 2° d'une ville ; 3° d'un canton ; 4° d'un arrondissement ; 5° d'un département.

Le groupement cantonal est celui qui convient le mieux : Les instituteurs se connaissent, les délégués cantonaux peuvent les seconder.

Quand l'association comprend toutes les écoles d'un département, le groupement entraîne une centralisation excessive, une besogne écrasante de bureau et on supprime les initiatives locales.

MM. les Instituteurs, dont le dévouement est infatigable, sont généralement les parrains de l'œuvre. Après avoir fait part de leurs projets à leurs chefs hiérarchiques, ils organisent une conférence populaire sur la Mutualité ; ils s'assurent l'appui bienveillant des Municipalités, qui votent généralement des subsides.

Aidons-nous mutuellement,
La charge des malheurs en sera plus légère.
Le bien que l'on fait à son frère
Pour le bien que l'on souffre est un soulagement.

(*Florian*).

Un comité provisoire est chargé de rédiger les statuts. (Voir chap. 8).

(La Ligue de l'Enseignement, rue Jean-Jacques-Rousseau, 14, à Paris, envoie gratuitement, sur demande, des modèles de statuts et notices. — Le matériel nécessaire (registres et livrets) est fourni par elle avec réduction de 30 % sur le prix de revient, payable après l'approbation de la Société et le vote du crédit nécessaire par la commune chargée, d'après l'art. 18 de la loi, de pourvoir à cette fourniture).

Surcroît de travail pour l'instituteur. — La Mutualité a si bien su se débarrasser des paperasseries qu'un Directeur d'école, comptant 600 enfants, assure que la perception des cotisations s'effectue, chaque lundi, en moins d'une heure.

Les cotisations encaissées sont reçues dans les bureaux de poste, de perception, de recettes des finances.

Des récompenses sont distribuées, chaque année, aux instituteurs qui se sont particulièrement dévoués aux œuvres complémentaires de l'école.

Questionnaire. — Est-il exact de dire que la pratique de l'épargne dessèche le cœur des mutualistes ? Qu'appelle-t-on Sociétés fédérées ? Trésor d'avenir ?

19. Calcul de la vie probable.

Extraits des tables de mortalité.

AGES	TOTAL DE LA VIE probable
A 10 ans.	66 ans
A 15	67 —
A 20	67 1/2
A 25	68 —
A 30	69 —
A 35	69 1/2
A 40	70 —
A 45	71 —
A 50	71 1/2
A 55	73 —
A 60	74 —

Explications I. — Le tableau ci-contre est un extrait des tables en usage depuis 1888, qui ont remplacé les tables de Deparcieux.

II. — Supposons une personne de 40 ans ; elle a, d'après ce tableau, autant de chances *contre* que de chances *pour* d'arriver à l'âge de 70 ans : c'est ce qu'on appelle la durée de la vie probable.

III. — En mutualité, on admet qu'un Sociétaire jouit de sa retraite pendant une moyenne de 15 ans environ.

PROVERBES. — Patience et longueur de temps font plus que force ni que rage.

Prêcher l'épargne est bien, montrer comment on économise est mieux.

20. Merveilleuses combinaisons de la Mutualité

La société de secours mutuels d'autrefois a vécu. La loi du 1ᵉ avril 1878, ait. 4, dit, en effet, que les mutualités n'ont plus pour but unique une pension de retraite ou des secours pour maladie ; elles doivent embrasser toutes les combinaisons inspirées aux adhérents, en vue de faire produire à la petite épargne son maximum d'effet, c'est-à-dire assurance, en cas de vie, de décès, d'accident ; secours aux pères, mères et enfants des sociétaires.

Ici, par le simple versement de 2 fr. en sus de la cotisation, la société alloue : soit un secours immédiat de 300 fr. aux héritiers d'un membre décédé, soit une dot de 300 francs au sociétaire qui se marie, soit un capital de 50 francs en livret de la caisse nationale, à un nouveau-né d'un sociétaire. Que cette dernière idée est heureuse, quand on songe, qu'en moyenne, tout Français, en venant au monde, a à supporter 900 fr. pour sa quote-part sur notre dette publique de 30 milliards !

Telle autre société, par une cotisation supplémentaire de 1 fr., institue une *caisse de réassurance*, qui permet de maintenir les secours aux membres atteints de longues maladies.

Notez bien que les caisses d'assurances annexées aux caisses mutuelles approuvées bénéficient de l'intérêt de faveur de 4 1/2 % (1).

En France, le mutualiste pense surtout à lui (secours pour maladie et retraite) ; c'est un peu égoïste. Chez les Anglo-Saxons, l'assurance vie et décès, forme de prévoyance bien supérieure à la retraite, est fort en honneur ; elle empêche de laisser dans la détresse la famille après le décès du père.

N'attendez pas que les alouettes vous tombent toutes rôties et defiez-vous de celui qui promet plus de beurre que de pain.

La Société de Secours mutuels est la cellule primordiale sur laquelle les autres institutions de prévoyance viennent se greffer (*L. Say*).

---

(1) NOTE. — *On assure sa maison et ses meubles, et l'on oublie d'assurer sa vie, c'est-a dire, de toutes ses propriétés, la plus précieuse et en même temps la plus menacée.* (Franklin)

1º *L'assurance en cas de décès* procure une indemnité aux héritiers de la personne décédée — 2º *L'assurance en cas de vie* procure un capital ou une rente au souscripteur après un certain nombre d'années. — 3º *L'assurance à terme fixe* permet de constituer une dot à un enfant ou de se réserver un capital pour ses vieux jours — Toutes ces formes d'assurances peuvent être annexées à une mutuelle, ce qui dispense de recourir aux Compagnies.

21. Mutualité et Alcoolisme

La France a le triste privilège d'être à la tête des nations pour la consommation de l'alcool. Perspective inquiétante, quand on songe aux énergies physiques, morales et intellectuelles anéanties par ce fléau !

En Suisse, en Belgique, en Amérique, etc., on a, par les mesures sévères, fait reculer le mal qui nous envahit. En Norwège, par exemple, la consommation de 9 litres par habitant s'est abaissée à 2 litres. En France, elle est aujourd'hui de 5 litres (contre 2 litres,50 en 1875). .

Comment la Mutualité combat-elle le fléau de l'alcoolisme ? Les idées d'économie, qui contraignent nos penchants à la dépense, luttent directement contre les habitudes si funestes de boire le petit verre ou l'absinthe.

Remarquez que l'*épargne*, dont on ne dira jamais assez de bien est la première étape à parcourir ; la seconde est la *prévoyance*, qui élève l'homme à un niveau moral, où il semble que le *démon alcoolique* ne puisse l'atteindre.

Plus, les mutualistes se multiplieront, plus sera facile la lutte contre l'alcoolisme.

Si la mutualité pousse à l'épargne des petits sous, qui auraient été dépensés en spiritueux, en tabac ou, en gourmandises, elle ne recommande pas l'économie au détriment de l'alimentation.

La mutualité scolaire est un des meilleurs antidotes contre l'alcoolisme.

Voici, d'après la statistique, ce que l'alcoolisme coûte, en France, annuellement :

1º Sur 80.000 aliénés séquestrés, le 1/4, soit 20.000, sont devenus fous par alcoolisme et dépensent 8 millions, pour leur entretien dans les asiles ;

2º Sur 100 criminels détenus, 60 sont alcooliques. La répression des crimes engendrés par l'alcool coûte 9 millions, par an.

3º Prix de l'alcool consommé : 1 milliard.

4º Journées de travail perdues par les alcooliques : 1 milliard 1/2.

5º Frais de traitements donnés dans les hôpitaux aux alcooliques : 70 millions.

Savez-vous ce que boit cet homme dans ce verre qui vacille en sa main tremblante d'ivresse? Il boit les larmes, le sang et la vie de sa femme et de ses enfants *(Lamennais).*

Total : 2 milliards 1/2 par an ; c'est-à-dire la moitié de l'indemnité de guerre que nous avons dû payer à l'Allemagne !

DICTÉE. — *Préjugés sur l'alcool.* — L'*absinthe* qui ne peut jamais être bienfaisante, est le *plus dangereux* des apéritifs, et celui qui a le malheur d'en prendre tous les jours un verre, deviendra fatalement alcoolique.

L'*alcool* excite, mais ne fortifie pas. Il ne remplace pas la nourriture, mais il en fait perdre le goût. Bien loin d'être un apéritif, il *casse* l'appétit ; il ne soutient ni ne réchauffe ; il refroidit et paralyse. Il détermine des lésions au foie, aux reins, aux artères et au cerveau. *Il ne rend donc pas les services que lui attribuent les préjugés.*

Problèmes. — Calculez avec le tableau C le capital que perd en 20 ans celui qui a la funeste habitude de faire une absinthe (0 fr. 35) chaque jour.

Rédaction. — Quelles sont les deux raisons que vous exposeriez pour détourner un camarade trop assidu du café ?

***

22. Mutualité et Assistance publique

Il est reconnu que les habitués des bureaux de bienfaisance ne sont pas des mutualistes et que, parmi les solliciteurs de ces bureaux, il en est de moins indigents que d'autres, qui sont plus timides.

En outre, on constate, avec regret, que bon nombre d'assistés s'habituent à compter sur les secours comme des ressources dues ; bientôt, ils perdent toute dignité et renoncent au travail, préférant l'aumône.

La charité officielle ou privée présente donc des inconvénients sérieux.

L'Etat dépense annuellement 4 millions environ, tant pour garantir le taux de 4 1/2 que pour subventionner les sociétés. C'est un sacrifice bien employé. Plus la mutualité se développera, plus elle réduira le nombre des assistés et diminuera le paupérisme.

L'assistance coûte, en France, 200 millions par an ; si l'on subventionnait de 10 millions la mutualité, on économiserait probablement 50 millions sur l'Assistance.

A ceux qui disent que le taux de faveur de 4 1/2 ne sera peut-être pas maintenu, on peut répondre qu'un Parlement républicain ne peut songer à diminuer ce taux.

Qui paie ses dettes s'enrichit et les bons comptes font les bons amis.

Si tu passes un jour sans faire un peu du bien, tu auras perdu ta journée.

23. Encourageons la Mutualité

L'Etat et les communes doivent encourager les Mutualités, à cause du bien qu'elles font, et parce qu'elles sont un puissant palliatif contre le paupérisme.

Les personnes qui sont dans l'aisance ou favorisées par la fortune font *acte de solidarité*, en acceptant d'être *membres honoraires*. Des bienfaiteurs, les philanthropes se signalent par des dons ; d'autres font des legs importants ; il est à désirer que ces exemples suscitent des imitateurs !

Les assemblées générales sont de vraies réunions fraternelles ; honoraires et participants arrivent à se comprendre en discutant ; la défiance et la haine disparaissent et chacun ne songe qu'à travailler au bien général.

Dans la commune de X'", les 2/3 des habitants sont membres participants ; l'autre 1/3 représente les membres honoraires : Voilà un idéal à réaliser !

***

24. Une dépense inutile : le Tabac

Le tabac est un poison, même à petite dose, et l'usage conduit fatalement à l'abus. Il trouble les fonctions du cœur, des poumons, de l'estomac (cancer des fumeurs) ; il détermine les paralysies partielles ou complètes ; il altère la vue, l'ouïe et les facultés intellectuelles : perte de la mémoire, paresse d'esprit, diminution de l'énergie.

La nicotine (poison du tabac) est plus violente que l'arsenic, la morphine et la cigue. Une goutte de nicotine, injectée à un chien ou à un cheval, foudroie l'animal instantanément.

On a remarqué que, dans les hautes études, les élèves fumeurs sont devancés par les non fumeurs. Il est ridicule de

---

L'habitude de fumer conduit au besoin de boire. Le TABAC, l'ALCOOLISME et l'INCONDUITE se TIENNENT.

L'abus du tabac indique : 1º Un homme sans caractère puisqu'il ne peut rompre avec un penchant funeste ; 2º Un homme imprévoyant, car s'il n'a pas de fortune, il se prépare la pauvreté ; 3º Un homme égoïste, attendu que l'argent gaspillé en tabac pourrait soulager des misères.

Le tabac joue un rôle aussi néfaste que l'opium et l'alcool dans la décadence d'une nation.

voir des enfants de 12 à 15 ans fumer gravement leur cigarette
ou des femmes prendre l'habitude de priser.

*Il n'est pas permis d'entrer chez quelqu'un en fumant ; en
chemin de fer, mieux vaut s'abstenir de fumer que d'asphyxier
ses voisins.*
*En préservant un enfant du tabac, on fait plus pour son bien
que si on lui assurait une rente annuelle de 100 francs.*

Probleme. — Calculez-la rente perdue par un fumeur qui a
dépensé 0 fr 20 de tabac par jour, de l'âge de 20 a 60 ans.

25. Le jeu est une cause de dépense

Il est des hommes qui cherchent, dans le jeu, d'abord une
sorte de distraction. S'ils gagnent, ils se passionnent pour
gagner davantage ; s'ils perdent, ils veulent se rattraper. Si
l'on dit « qui a bu boira », on peut dire aussi « qui a joué
jouera. »
Le joueur joue jusqu'à ce qu'il ait perdu sa fortune et, avec
elle, le repos, le goût du travail et l'amour des plaisirs honnêtes .Peu à peu, il sacrifie tout à sa funeste passion : Père,
mère, femme, enfants, dignité, honneur, tout lui devient indif-
férent.
Si le mari devient parfois joueur, c'est la femme qui en est
cause. Une femme sans douceur, de mauvaise humeur, criarde,
obstinée, exigeante, forcerait le meilleur époux à quitter la
maison.

Probleme. — Souvenez-vous que le temps c'est de l'argent. Un
joueur a la malechance de chômer le *lundi*, il dépense ce jour-là :
2 francs en boisson ou en tabac, perd sa journée évaluée 4 francs.
Que dépense-t-il inutilement en une année ?

Quand une fois un mari a pris l'habitude de chercher le
repos et la gaîté hors de sa demeure, adieu la prévoyance
et l'économie, adieu la paix intérieure et le bonheur de la
vie !

Le joueur passionné gaspille son temps, son argent
et sa santé.

Par la mutualité, le travailleur n'est plus seul ; il cesse
d'être le mécontent qui maugrée, le haineux qui voit
rouge aussi bien que l'égoïste qui voit trouble.

26. Les détracteurs de la Mutualité

Malgré ses bienfaits, la Mutualité a ses détracteurs. A quoi sert-il, disent-ils, de songer à ceux qui vivront dans 50 ans ? Raisonner ainsi, c'est déraisonner ; c'est manquer d'esprit de solidarité. Si nos ancêtres n'avaient pas fait la Révolution, nous devrions la faire aujourd'hui. Ils n'ont pas calculé s'ils se sacrifiaient pour l'an 2000 ; ils ont voulu, coûte que coûte, affranchir l'humanité de l'ancien régime et unifier la nation. Nous profitons de leur dévouement. Il est naturel que nous devions à nos descendants ce dont nous sommes redevables à nos ascendants. Les générations sont solidaires les unes des autres, et les partisans de *chacun pour soi* ne méritent que mépris, car leur théorie est la négation du progrès.

Les pessimistes allèguent que la Mutualité ne réalise qu'un bien insignifiant. Ils comptent pour quantité négligeable, par exemple, les 5 millions de journées de maladie payées annuellement à 400.000 malades, ou les 12 millions dépensés en frais médicaux. A ces *bagatelles*, il faut ajouter 4 millions répartis en pensions de retraite aux invalides du travail. Que de bien l'on a fait, avec ces millions économisés en grande partie par la privation d'un bock, quand on n'a pas soif, ou d'une dépense inutile !

❖❀❖

27. La jeune fille et la femme doivent être mutualistes.

Jusqu'à présent, la femme s'est trop tenue à l'écart de la Mutualité. Elle préfère conserver, dans un bas de laine, ses économies, ne produisant aucun intérêt et exposées à être dépensées du jour au lendemain. C'est un devoir pour elle de

---

C'est la femme qui fait et défait la maison.

L'orgueil de la parure est une malédiction. Si vous achetez une jolie chose, il en faudra dix autres pour que rien ne jure. Ce sont les yeux des autres qui nous ruinent.

Femme trop fenêtrière et trop courrière ne peut être bonne ménagère.

Que de femmes sont prodigues au son et avares à la farine ! (*Un Paysan*).

s'affilier à une société. N'est-elle pas encore plus exposée que l'homme aux vicissitudes qu'entraînent la maladie, les infirmités et la vieillesse ? Elle doit être plus économe que l'homme. « L'économie, dit-on, est le premier argent que gagne une femme. »

Il faut que les sociétés d'hommes se transforment en *sociétés mixtes* partout où c'est possible.

Et quand la femme se sera tournée vers la mutualité et la prévoyance, ne pensez-vous pas que les idées d'économie remplaceront, dans son esprit, les goûts de frivolité ? L'intérieur du ménage ouvrier ne s'en trouvera-t-il pas mieux ?

✦❈❈✦

28. Les achats à crédit sont un mauvais calcul

La ménagère et l'ouvrier qui s'habituent à acheter *à crédit* font un mauvais calcul, car vous pensez bien que le marchand force son prix, de façon à retrouver un gros intérêt pour l'argent qu'il est obligé d'attendre ou qu'il peut perdre.

L'acheteur tombe sous la dépendance du vendeur, et ne se présente à lui qu'en tremblant, il évite de passer devant sa porte. Il en souffre moralement ; il s'aperçoit un jour que le marchand lui fait passer les denrées avariées, parce que son *carnet d'achat à crédit* grossit trop. Alors, le malheureux client quitte le quartier et s'enfuit...

Et voilà un homme dégradé, un homme à la mer !

Il est regrettable que 4 ménages sur 10 ne sachent acheter qu'à crédit.

Certaines ménagères ne savent pas payer *comptant ;* d'autres, par gourmandise, achètent des primeurs à un prix exorbitant, ou des friandises inutiles ; d'autres, enfin, ont la manie de choisir les denrées les plus chères, parce que, disent-elles, « c'est plus fin. » Agir ainsi, c'est dépenser follement et gaiement la petite pièce que le mari a gagnée avec peine. Il faut modérer ses désirs, se contenter d'une saine alimentation et se moquer de ce qui paraît succulent. On doit vivre pour manger et non manger pour vivre.

✦❈❈✦

Le bon ouvrier prélève chaque semaine une pièce de 10 sous pour payer ses cotisations de sociétaire.

C'est un devoir social de s'affilier à des sociétés : on sauvegarde son indépendance et l'on assure sa tranquillité pour le présent et l'avenir.

29. La vie d'association

La vie d'association, si développée en Angleterre et en Belgique, doit aussi être enseignée chez nous. Il convient de montrer à l'individu quels sont les bons résultats de l'entente des efforts dirigés vers un même but.

Dans les villes, les ouvriers commencent à s'en rendre compte ; ils ont leurs syndicats, leurs bourses du travail ; mais la plupart des agriculteurs n'ont aucune idée des avantages à retirer du crédit agricole, des caisses régionales, des syndicats de production.

Il y a urgence à faire l'éducation sociale. C'est à l'école, dans les Mutualités et Amicales, que se fait l'apprentissage de la vie d'association, qui constitue, peu à peu, un système économique nouveau. L'évolution se fera sans révolution.

Un exemple d'association. — Le *Familistère de Guise* (Aisne), est une association dans laquelle les ouvriers sont eux-mêmes propriétaires de l'usine (fabrique d'appareils de chauffage). Son fondateur, M. Godin, associa d'abord les ouvriers aux bénéfices de sa maison. Aujourd'hui, les ouvriers et employés possèdent tout le capital (5 millions).

Ainsi, le capital et le travail sont réconciliés !

◆✵❸✵◆

30. Mutualité et émigration des campagnes

Il importe que la Mutualité se répande dans les campagnes. Le paysan se contente de peu. Quand il aura, en perspective, une petite pension de retraite pour ses vieux jours, il restera

---

La **MODÉRATION** est un bien précieux. Si tu ne te modères pas, tu dois nécessairement perdre l'équilibre et tomber.

Toute sa vie, l'homme est tiraillé entre le **DEVOIR** et le **PLAISIR**.

La mutualité et la vie d'association créent entre les hommes des liens de sympathies préparant la fraternité internationale, c'est-à-dire cet état social futur où les peuples lutteront non dans des combats meurtriers mais sur le terrain du progrès industriel.

L'isolement fait déchoir nos facultés.

aux champs, où *l'agriculture manque de bras ;* il se gardera d'émigrer vers la ville, pour grossir le nombre des sans-travail. Tout s'enchaîne. Plus la population augmente dans les cités, plus il y a de travailleurs et moins ils sont rétribués, car la loi des salaires dépend de *l'offre et de la demande. « Quand deux ouvriers courent après un maître, les salaires baissent ; ils haussent quand deux maîtres courent après un ouvrier. »* C'est donc l'abondance des capitaux et le nombre des industriels et des entrepreneurs qui, ayant besoin d'ouvriers, font hausser les salaires ; ansi, on dit une sottise, quand on avance que le *capital* est l'ennemi du *travail.*

Ce qui augmente encore les difficultés de vivre dans les villes, c'est le développement du machinisme, qui fournit une production supérieure à la consommation.

La *Mutualité* peut, non seulement mettre un frein à l'émigration des campagnes, mais elle y devient un moyen de pacification ; elle cree, entre les habitants, des liens de sympathie qui font disparaître les divisions locales.

On estime que, dans les villes, la Mutualité englobe à peu près le tiers de la population. *(A Grenoble, par exemple, sur 60.000 habitants, on compte 20.000 adhérents, répartis dans 110 sociétés.)*

DICTÉE — *Restez aux champs.* — Depuis une cinquantaine d'années, les populations rurales émigrent vers les villes ; elles abandonnent la vie des champs pour aller chercher dans l'industrie une meilleure remunciation de leur travail

Or, le travail de l'industrie est aussi pénible que celui de l'agriculture Sans doute, le salaire est plus élevé à la ville qu'à la campagne, mais si l'ouvrier des villes gagne beaucoup, il dépense aussi beaucoup ; il paye cher pour sa nourriture, qui n'est pas toujours aussi saine que celle du paysan ; pour son logement qui est toujours moins salubre et souvent moins commode que la plus modeste chaumière.

Entouré d'un luxe qui lui fait envie, il souffre d'être privé d'une foule de plaisirs, il se cree des besoins que le cultivateur ne connait pas Et finalement, il n'a pas plus de reste que l'ouvrier des champs

---

C'est par le travail, l'économie, la prévoyance et l'association que vous acquerrez l'aisance et garantirez l'avenir. Ne croyez pas ceux qui disent le contraire. Chaque homme, en général, est l'artisan de son bonheur. Comme l'on fait son lit on se couche.

Les mutualistes doivent être à la fois des SENTIMENTAUX et des SCIENTIFIQUES.

Les hommes, pris en foule, sont généralement plus égoïstes que l'individu

Le FAUX MUTUALISTE dit : Je ne suis jamais malade, à quoi bon payer pour les autres ? Il oublie qu'il FAUT SECOURIR AVANT D'ÊTRE SECOURU.

31. Le travail conduit à l'aisance. Les utopies.

Le travail est la loi de ce monde. Sans le travail, pas de famille, pas de société. « Tout homme qui ne fait rien, disait Mirabeau, est une chenille dans l'Etat. » Qui ne travaille pas n'a pas le droit de manger.

A un autre point de vue, le travail est nécessaire ; il entretient la santé et la vigueur du corps et de l'esprit ; il moralise les hommes, car « l'oisif est un méchant commencé », disait Servan.

En produisant salaire et bénéfice, le travail produit de l'argent.

Si quelqu'un vous dit que vous pouvez vous enrichir autrement que par le travail et l'économie, ne l'écoutez pas ; c'est un empoisonneur. (Franklin).

Les staticiens affirment que les salaires ont augmenté dans des proportions plus grandes que la cherté des choses nécessaires à la vie. D'où vient que chacun se plaint de la dureté des temps ?

Les médecins affirment que la génération actuelle souffre surtout d'un *mal d'esprit ou de nerfs*. Les hommes, devenus plus nerveux par le surmenage cérébral, par l'usage de l'absinthe, de l'alcool et du tabac sont plus irritables et plus pessimistes ; ils croient toujours qu'on les opprime ou qu'ils méritent davantage, et se font plus malheureux que la réalité.

La fièvre de la liberté et de l'égalité les porte à rabaisser tout ce qui les dépasse. La vie agitée des villes, les désirs inassouvis, développent les tristesses sourdes et les convoitises illimitées. Ainsi s'explique, en grande partie, l'acuité du malaise social actuel. De là, à demander une révolution sociale, le partage général des biens, il n'y a qu'un pas.

Mais, si l'on réalisait cette théorie décevante, on ne supprimerait ni la paresse, ni l'intempérance, ni l'amour des plaisirs, qui sont les causes premières de nos misères ! Plus de propriété, plus de luxe, plus de commerce, plus de famille, plus de liberté ; le vicieux et l'honnête homme seraient également traités. En résumé, ce serait un retour aux temps d'avant 1789.

Trois idées justes dans l'esprit valent mieux que DIX UTOPIES qui pourraient l'obscurcir et le dévoyer.

Tant que les hommes naîtront inégaux en forces physiques, en adresse, en intelligence, en aptitudes, en appétits, l'égalité absolue sera une chimère, à moins que les hommes ne deviennent des ANGES.

32. Comment prévenir la misère.

Il est certain que la Société n'est pas parfaite et qu'il y a des réformes à faire, pour obtenir une plus équitable répartition des charges qui pèsent sur la classe la plus nombreuse. Mais l'amélioration de l'état social ne peut se faire que progressivement, par l'*évolution* et non par la *révolution*.

Les laboureurs, les ouvriers, les employés ont sans doute de la peine à élever leur famille et à subvenir à leur existence. Doivent-ils perdre espoir et courage ? Evidemment non. Par la persévérance dans le travail, et grâce à la pratique intelligente de la mutualité et de l'association, ils peuvent surmonter bien des obstacles et attendre, sans trop d'inquiétude, l'âge du repos.

Le souci de la vie matérielle est légitime, puisqu'il faut *vivre d'abord et philosopher ensuite.* » Mais la soif des sensations est insatiable : plus l'homme à des jouissances, plus il en désire. Tel ouvrier, gagnant 5 fr. par jour, peut être moins dans l'aisance que tel autre, dont le salaire n'est que de 4 fr. Pourquoi ? Parce que, dans le ménage de ce dernier, on connaît le prix du temps, de l'ordre, de l'économie et l'on sait limiter ses dépenses sur ses recettes.

Le contentement ne dépend pas uniquement de l'écu, mais aussi de l'humeur et du caractère. Pour que l'homme sente moins la privation de ce qu'il ne peut obtenir, il faut qu'il ait des idées justes sur la vraie conception de la vie, sur les vérités morales en général et sur les vérités économiques en particulier. En tous cas, il ne doit jamais perdre espoir et courage ; le malheur et l'insuccès ne sont pas permanents.

❖✶❖

33. Les deux ouvriers.

Deux ouvriers, également actifs, travaillaient ensemble et tombaient malades en même temps ; l'un faisait partie d'une mutualité, l'autre était resté réfractaire à cette institution.

La **CHARITÉ** est impuissante à remédier à toutes les souffrances; sa sœur la **SOLIDARITÉ** demande aux hommes de considérer l'assistance matérielle et morale comme une impérieuse obligation.

L'honnêteté dépend bien souvent des conditions matérielles du milieu. La pauvreté est une mauvaise conseillère. Par un acte de bonté, de pitié, nous pouvons faire naître de bons sentiments chez les malheureux déshérités aigris par la misère.

Ce dernier gagnait le pain de la famille ; mais la souffrance l'a terrassé, plus de salaire. Peu à peu, la gêne se fait sentir, les économies s'épuisent, les dettes s'accumulent ; la misère arrive, il faut se décider à recourir au moyen extrême, c'est-à-dire se rendre à l'hôpital. Miné par le chagrin d'être séparé des siens, qui sont restés sans ressources, il meurt désespéré, laissant sa femme et ses enfants dans le dénûment.

Tout autre est la situation du mutualiste. Tant que dure sa maladie, il reçoit, aux frais de la Société : 1° Les soins du médecin ; 2° tous les médicaments propres à son prompt rétablissement ; 3° une indemnité journalière assurant au moins la subsistance.

Sa femme et ses enfanst lui prodiguent les soins les plus vigilants ; les membres de la Société viennent le visiter et l'encourager.

Sans souci du présent, il ne tarde pas à recouvrer la santé. S'il est âgé et qu'il ne puisse plus reprendre son travail, il sait que la Société lui servira une petite pension.

Vous remarquez ces faits-là tous les jours ; il vous démontrent, une fois de plus, que vous ne devez pas hésiter à vous affilier à une ou plusieurs mutualités.

❖❖❖

34. La Vie pratique.

La force morale est la puissance la plus grande que la nature ait mise à notre disposition. Elle nous permet de dominer les situations et de vaincre les difficultés ; c'est elle qui nous apprend à unir :

> La fermeté à la douceur,
> La sévérité à l'amour,
> La discrétion à la franchise,
> L'économie à la générosite.

RIEN DE TROP

> Trop de repos nous engourdit,
> Trop de fracas nous étourdit,

Chacun devrait réfléchir qu'il viendra un jour où il faudra céder sa place, renoncer au travail et vivre tout de même sans rien gagner.

On peut mesurer au respect dont la propriété est l'objet le degré de civilisation d'un peuple (*Marion*).

Trop de froideur est indolence,
Trop d'activité, turbulence,
Trop de passion trouble la raison,
Trop de remèdes est un poison,
Trop de rigueur est cruauté,
Trop d'audace, témérité,
Trop de finesse est artifice,
Trop d'économie, avarice,
Trop de biens devient un fardeau,
Trop d'honneur est un esclavage,
Trop de plaisirs mène au tombeau,
Trop d'esprit nous porte dommage,
Trop de confiance nous perd,
Trop de franchise nous dessert,
Trop de bonté devient faiblesse,
Trop de fierté devient hauteur,
Trop de complaisance, bassesse,
Trop de politesse, froideur.

PANARD.

La vie prise au sérieux, en faisant le plus de bien possible, a, d'après l'expérience des siècles, donné, jusqu'à présent, une plus grande somme de satisfactions que la vie oisive, égoïste, désordonnée.

35. La Science du Bonhomme Richard

Par FRANKLIN (1).

a) Coût de la Paresse et valeur du Temps.

Chers amis et bons voisins, il est certain que les impôts sont lourds ; mais nous en avons une quantité d'autres bien plus onéreux : Par exemple, notre *paresse* nous coûte le double de la taxe ; notre *orgueil* le triple, et notre *folie* le quadruple.

L'oisiveté, comme la rouille, use plus que le travail.

Il faut être plus avare de son temps que de son argent. *(Time is money)*. Ne perdez pas une heure puisque vous n'êtes pas sûr d'une minute.

Celui qui se lève tard s'agite tout le jour et commence à

---

(1) Franklin, américain (1706-1790), fut un savant illustre et l'un des fondateurs de la Grande République des Etats-Unis, dut son élévation surtout à son honnêteté et a son courage à faire son devoir. Sa devise était : «*Rien n'est plus beau ni meilleur que la vertu.*»

peine son ouvrage à la nuit. Nous aurons assez de temps à dormir quand nous serons dans la bière.

Courage donc ! de l'*activité*, et agissons pendant que nous le pouvons ! Moyennant l'*activité*, nous ferons beaucoup plus, avec moins de peine.

L'oisiveté rend tout difficile.

Fainéantise va si lentement, que la pauvreté l'a bientôt atteinte.

Se coucher tôt, se lever tôt, donne santé, richesse et sagesse.

b) Le **Travail** et l'**Activité** préservent de la pauvreté

Que signifient les désirs et les espérances des temps plus heureux ? Nous pouvons rendre le temps meilleur, si nous savons agir. Celui qui vit d'espoir sans se remuer, mourra de faim. Point de profit sans peine. Un métier vaut un fonds de terre. Quiconque est laborieux n'a pas à craindre la disette. La faim regarde à la porte du travailleur, mais elle n'ose pas entrer.

Ne remettez jamais à demain ce que vous pouvez faire aujourd'hui.

(*Business ! Business ! Les affaires ! Les affaires !* disent les Anglais).

c) La **Persévérance** et l'**Ordre** engendrent l'aisance.

Mais, indépendamment de l'amour du travail, il faut encore de la persévérance et de l'ordre.

Voulez-vous être bien servi ? Servez-vous vous-même. L'œil du maître fait plus d'ouvrage que ses deux mains.

Trois déménagements sont pires qu'un incendie.

Le *trop de confiance* dans les autres est la ruine de bien des gens, car, dans les affaires de ce monde, ce n'est pas par *la foi* qu'on se sauve, c'est par *le doute*. Il faut faire ses affaires soi-même.

d) La **Tempérance** et l'**Économie**.

Celui qui ne sait pas épargner à mesure qu'il gagne, mourra sans avoir un sou, après avoir eu toute sa vie le nez collé sur son ouvrage. Plus la cuisine est grasse, plus le testament est maigre.

Si vous voulez être riche, n'apprenez pas seulement à gagner, mais apprenez aussi à ménager. Vous vous imaginez peut-être que des plats un peu plus recherchés, des vêtements un peu plus brillants, ne sont pas de grande conséquence. Vous vous trompez : Un peu répété fait beaucoup, et bien des familles se ruinent, pour n'avoir pas su pratiquer l'économie dans les petits détails.

Renoncez à vos folies dispendieuses, car *un vice coûte plus à nourrir que deux enfants.*

Les fous donnent des festins, les sages les mangent.

Le vin, le jeu, les plaisirs diminuent la fortune et augmentent les besoins.

e) Dangers du **bon marché**, de l'orgueil et des **folles dépenses**.

Réfléchis toujours avant de profiter du bon marché, car une chose inutile est toujours trop chère.

L'*orgueil* de la *parure* est une malédiction. Le pauvre qui veut singer le riche est aussi fou que la grenouille qui s'enfle pour devenir bœuf.

L'orgueil déjeune avec l'abondance, dîne avec la pauvreté et soupe avec la honte.

Il est plus aisé de réprimer les premiers désirs de dépense que de contenter tous ceux qui suivent.

f) Danger des **Dettes**.

Celui qui va faire un emprunt va chercher une mortification. Hélas ! pensez-vous bien à ce que vous faites, lorsque vous vous endettez ? Vous donnez à autrui des droits sur votre liberté. Si vous ne pouvez payer à l'échéance, vous rougirez de voir votre créancier ; vous ne lui parlerez qu'en tremblant ; vous allèguerez les excuses les plus mauvaises, les plus pitoyables, les plus basses. Par degrés, vous en viendrez à perdre votre franchise ; vous vous abaisserez jusqu'au mensonge, car le mensonge monte en croupe de la dette.

Un homme, citoyen d'un pays libre, ne devrait ni rougir, ni craindre de voir ou d'affronter homme qui vive ; mais souvent la pauvreté ôte tout courage et toute vertu. Il est difficile qu'un sac vide se tienne debout.

g) Jeunesse et prospérité ne durent pas toujours.

Couchez-vous sans souper, plutôt que vous lever avec des dettes.

Pendant que vous le pouvez, épargnez pour le temps de la *vieillesse* et du *besoin*, car le gain est passager et incertain, mais la dépense continuelle.

Les enfants et les fous s'imaginent que 20 ans et 20 francs dureront toujours.

h) Ecoutez l'**Expérience** et les **bons Conseils**.

Le travail, la sobriété et l'économie ne suffisent pas, il faut écouter les bons conseils.

L'expérience tient une école, où les leçons coûtent cher. Si vous ne voulez pas écouter la raison, elle vous donnera sur les doigts.

1) Moyens d'avoir toujours de l'argent dans sa poche.

Je veux enseigner le véritable secret pour garder sa bourse pleine :

1° *Que la probité et le travail soient vos compagnons assidus.*

2° *Dépensez deux sous de moins par jour que votre bénéfice net.*

Par là, votre poche, si plate, commencera bientôt à s'enfler ; vous ne serez pas maltraité par des créanciers, pressé par la misère, rongé par la faim, glacé par la nudité.

Le ciel brillera pour vous d'un éclat plus vif et fera battre votre cœur.

Hâtez-vous donc d'embrasser ces règles et d'être heureux. Ecartez loin de votre esprit le souffle glacé du chagrin ou de l'envie, et vivez indépendant.

❖⋙❖

36. Les Droits de l'Homme et du Citoyen.

A l'heure actuelle, des esprits, qui se disent « transcendants », raillent les « immortels principes » et les trouvent démodés. Dans le cas où vous ne les auriez jamais lus, nous les avons reproduits ci-après.

Qu'on les dédaigne ou qu'on les repousse, ces principes sont la base de notre droit public moderne.

C'est dans la charte de 1789 que les citoyens d'une grande nation libre trouveront toujours la notion claire et précise de leurs droits et de leurs devoirs.

Biffez d'un trait de plume tous les articles de la *Déclaration des droits de l'Homme*, vous n'améliorerez pas l'état social ; au contraire, vous perdrez du temps, au lieu d'en gagner.

Supprimez, par exemple, de l'art. 2, la liberté individuelle et la liberté de posséder. Et après.. Ce serait le progrès à rebours.

« Il importe que le *peuple* ait toujours devant les yeux les bases de sa *liberté* et de son *bonheur :* Le *magistrat*, la règle de ses *devoirs ;* le *législateur*, l'objet de sa *mission*. »

(A la dernière séance du Conseil supérieur de l'Instruction publique, on a émis le vœu que la Déclaration des Droits de l'Homme soit affichée dans toutes les écoles ; qu'elle soit apprise par les élèves et qu'à l'occasion du certificat d'études primaires, la rédaction et les interrogations portent sur le sens de ses articles).

❖⋙❖

37. Déclaration des Droits de l'Homme et du Citoyen.

(Décrétés par l'Assemblée nationale dans ses séances des 20, 21, 23, 24 et 26 août 1789, acceptés par le Roi.)

PRÉAMBULE

Les représentants du Peuple français, constitués en Assemblée nationale, considérant que l'ignorance, l'oubli ou le mépris des droits de l'homme sont les seules causes des malheurs publics et de la corruption des gouvernements, ont résolu d'exposer, dans une déclaration solennelle, les droits naturels, inaliénables et sacrés de l'homme ; afin que cette déclaration, constamment présente à tous les membres du corps social, leur rappelle sans cesse leurs droits et leurs devoirs, afin que les actes du pouvoir législatif et ceux du pouvoir exécutif, pouvant être à chaque instant comparés avec le but de toute institution politique, en soient plus respectés, afin que les réclamations des citoyens, fondées désormais sur des principes simples et incontestables, tournent toujours au maintien de la Constitution et du bonheur de tous.

En conséquence, l'Assemblée nationale reconnaît et déclare, en présence et sous les auspices de l'Etre suprême, les droits suivants de l'homme et du citoyen.

I

Les hommes naissent et demeurent libres et égaux en droits les distinctions sociales ne peuvent être fondées que sur l'utilité commune.

II

Le but de toute association politique est la conservation des droits naturels et imprescriptibles de l'homme ; ces droits sont la *liberté*, la *propriété*, la sûreté et la résistance à l'oppression.

III

Le principe de toute souveraineté réside essentiellement dans la nation ; nul corps, nul individu ne peut exercer d'autorité qui n'en émane expressément.

IV

La liberté consiste à pouvoir faire tout ce qui ne nuit pas à autrui. Ainsi, l'exercice des droits naturels de chaque homme n'a de bornes que celles qui assurent, aux autres membres de la société, les jouissances de ces mêmes droits ; ces bornes ne peuvent être déterminées que par la loi.

V

La loi n'a le droit de défendre que les actions nuisibles à la société. Tout ce qui n'est pas défendu par la loi ne peut être empêché, et nul ne peut être contraint à faire ce qu'elle n'ordonne pas.

VI

La loi est l'expression de la volonté générale ; tous les citoyens ont droit de concourir personnellement, ou par leurs représentants, à sa formation ; elle doit être la même pour tous, soit qu'elle protège, soit qu'elle punisse. Tous les citoyens étant égaux à ses yeux, sont également admissibles à toutes dignités, places et emplois publics, selon leur capacité, et sans autres distinctions que celles de leurs vertus et de leurs talents.

VII

Nul homme ne peut être accusé, arrêté, ni détenu que dans les cas déterminés par la loi et selon les formes qu'elle a prescrites. Ceux qui sollicitent, expédient, exécutent ou font exécuter des ordres arbitraires, doivent être punis ; mais tout citoyen appelé ou saisi, en vertu de la loi, doit obéir à l'instant ; il se rend coupable par la résistance.

VIII

La loi ne doit établir que des peines strictement et évidemment nécessaires et nul ne peut être puni qu'en vertu d'une loi établie et promulguée antérieurement au délit, et légalement appliquée.

IX

Tout homme étant présumé innocent, jusqu'à ce qu'il ait été déclaré coupable, s'il est jugé indispensable de l'arrêter, toute rigueur qui ne serait pas nécessaire, pour s'assurer de sa personne, doit être sévèrement réprimée par la loi.

X

Nul ne peut être inquiété pour ses opinions, même religieuses, pourvu que leur manifestation ne trouble pas l'ordre public, établi par la loi

XI

La libre communication des pensées et des opinions est un des droits les plus précieux de l'homme ; tout citoyen peut donc parler, écrire, imprimer librement, sauf à répondre de l'abus de cette liberté, dans les cas déterminés par la loi.

XII

La garantie des droits de l'homme et du citoyen nécessite une force publique ; cette force est donc instituée pour l'avantage de tous, et non pour l'utilité particulière de ceux à qui elle est confiée.

XIII

Pour l'entretien de la force publique et pour les dépenses d'administration, une contribution commune est indispensable ; elle doit être également répartie entre tous les citoyens, en raison de leurs facultés.

XIV

Les citoyens ont le droit de constater, par eux-mêmes ou par leurs représentants, la nécessité de la contribution publique, de la consentir librement, d'en suivre l'emploi et d'en déterminer la quotité, l'assiette, le recouvrement et la durée.

XV

La société a le droit de demander compte à tout agent public de son administration.

XVI

Toute société, dans laquelle la garantie des droits n'est pas assurée, ni la séparation des pouvoirs déterminée, n'a point de constitution.

XVII

Les propriétés étant un droit inviolable et sacré, nul ne peut en être privé, si ce n'est lorsque la nécessité publique, légalement constatée, l'exige évidemment et sous la condition d'une juste et préalable indemnité.

38. Loi du 1ᵉʳ avril 1898

sur les Sociétés de Secours mutuels.

TITRE I. — *Dispositions communes a toutes les Sociétés.*

Article premier — Les Sociétés de secours mutuels sont des associations de prévoyance qui se proposent d'atteindre un ou plusieurs des buts suivants : assurer a leurs membres participants et a leurs familles des secours en cas de maladie, blessures ou infirmités, leur constituer des pensions de retraites, contracter a leur profit des assurances individuelles ou collectives en cas de vie, de deces ou d'accidents, pourvoir aux frais des funérailles et allouer des secours aux ascendants, aux veufs, veuves ou orphelins des membres participants décédés.

Elles peuvent, en outre, accessoirement, creer au profit de leurs membres des cours professionnels, des offices gratuits de placement et accorder des allocations en cas de chômage, a la condition qu'il soit pourvu a ces trois ordres de depenses au moyen de cotisations ou de recettes spéciales.

Art. 2. — Ne sont pas considérées comme sociétés de secours mutuels, les associations qui, tout en organisant, sous un titre quelconque, tout ou partie des services prévus à l'article précédent, créent, *au profit de telle ou telle catégorie de leurs membres et au détriment des autres,* des avantages particuliers. Les sociétés de secours mutuels sont tenues de garantir a tous leurs membres participants les mêmes avantages sans autre distinction que celle qui résulte des cotisations fournies et des risques apportés.

Art. 3 — Les sociétés de secours mutuels peuvent se composer de membres participants et de membres honoraires, les membres honoraires payent la cotisation fixee ou font des dons a l'association sans prendre part aux bénéfices atribués aux membres participants ; mais les statuts peuvent contenir des dispositions spéciales pour faciliter leur admission, au titre de membres participants, à la suite de revers de fortune.

Les *femmes* peuvent faire partie des sociétés et en créer ; les femmes mariées exercent ce droit sans l'assistance de leur mari ; les mineurs peuvent faire partie de ces sociétés sans l'intervention de leur représentant légal.

L'administration et la direction des sociétes de secours mutuels ne peuvent être confiées qu'à des Français majeurs, de l'un ou l'autre sexe, non déchus de leurs droits civils ou civiques, sous réserve, pour les femmes mariées, des autorisations de droit commun

Les sociétés de secours mutuels constituees entre étrangers, ne peuvent exister qu'en vertu d'un arrête ministériel toujours révocable Par exception, elles peuvent choisir leurs administrateurs parmi leurs membres.

Les membres du conseil d'administration et du bureau des societés de secours mutuels, seront nommés par le vote au bulletin secret.

Les administrateurs et directeurs ne pourront être choisis que parmi les membres participants et honoraires de la société.

Art. 4 — Un mois avant le fonctionnement d'une société de secours mutuels, ses fondateurs devront déposer en double exemplaire : 1° les statuts de ladite association ; 2° la liste des noms et adresses de toutes les personnes qui, sous un titre quelconque, seront chargées à l'origine de l'administration ou de la direction.

Le dépôt a lieu, contre récépissé, à la sous-préfecture de l'arrondissement où la société a son siège social, ou à la préfecture du département.

Le maire de la commune en est informé immédiatement par les soins du préfet ou du sous-préfet

Un extrait des statuts sera inséré dans le recueil des actes-de la préfecture.

Tout changement dans les statuts ou dans la direction sera notifié et publié selon les formes indiquées ci-dessus.

Art. 5. — Les statuts déterminent :

1° Le siège social, qui ne peut être situé ailleurs qu'en territoire français ;

2° Les conditions et les modes d'admission et d'exclusion, tant des membres participants que des membres honoraires ;

3° La composition du bureau et du conseil d'administration, le mode d'élection de leurs membres. la nature et la durée de leurs pouvoirs ; les conditions du vote à l'assemblée générale et du droit pour les sociétaires de s'y faire representer ;

4° Les obligations et les avantages des membres participants ;

5° Le montant et l'emploi des cotisations des membres, soit honoraires, soit participants, les modes de placement et de retrait des fonds ;

6° Les conditions de la dissolution volontaire de la société ;

7° Les bases de la liquidation à intervenir si la dissolution a lieu :

8° Le mode de conservation des documents intéressant la société.

9° Le mode de constitution des retraites pour lesquelles il n'a pas été pris d'engagement ferme et dont l'importance est subordonnée aux ressources de la société ;

10° L'organisation des retraites garanties, et spécialement la fixation de leur quotité et de l'âge de l'entrée en jouissance,

11° Les prélèvements à opérer sur les cotisations pour le service spécial des retraites, lorsque, conformément à la clause précédente, les cotisations des membres honoraires ou participants devront être affectées pour partie à la constitution de retraites garanties, que ce soit au moyen d'un fonds commun ou de livrets individuels ouverts au nom des sociétaires.

Art. 6. — Lorsque l'assemblée générale sera convoquée, les pouvoirs dont les sociétaires seront porteurs, si les statuts autorisent le vote par procuration, pourront être donnés sous seing privé et seront affranchis de tous droits de timbre et d'enregistrement ; ils seront déposés au siège social.

Les contestations sur la validité des opérations électorales sont portées, dans le délai de quinze jours à dater de l'élection, devant le juge de paix du siège de la société. Elles sont introduites par simple déclaration au greffe.

Le juge de paix statue, dans les quinze jours de cette déclaration. sans frais ni forme de procédure et sur simple avertissement donné trois jours à l'avance a toutes les parties intéressées

La décision du juge de paix est en dernier ressort, mais elle peut être déférée à la cour de cassation Le pourvoi n'est recevable que s'il est formé dans les dix jours de la notification de la décision Il est formé par simple requête déposée au greffe de la justice de paix et dénoncée aux défendeurs dans les dix jours qui suivent. Il est dispensé du ministère d'un avocat à la cour et jugé d'urgence sans frais ni amende

Les pièces et mémoires fournis par les parties sont transmis sans frais par le greffier de la justice de paix au greffier de la cour de cassation. La chambre civile de cette cour statue directement sur le pourvoi

Tous les actes sont dispensés du timbre et enregistrés gratis.

Art 7 — Dans les trois premiers mois de chaque année, les sociétés de secours mutuels doivent adresser, par l'intermédiaire des préfets, au ministre de l'intérieur, et dans les formes qui seront déterminées par lui, la statistique de leur effectif, du nombre et de la nature des cas de maladie de leurs membres, telle qu'elle est prescrite par la loi du 30 novembre 1892.

Art. 8. — Il peut être établi entre les sociétés de secours mutuels, en conservant d'ailleurs à chacune d'elles son autonomie, des unions, ayant pour objet notamment :

a) L'organisation, en faveur des membres participants, des soins et secours énumérés dans l'article 1er, notamment la création de pharmacies, dans les conditions déterminées par les lois spéciales sur la matière ;

b) L'admission des membres participants qui ont changé de résidence ;

c) Le règlement de leurs pensions viagères de retraite ;

d) L'organisation d'assurances mutuelles pour les risques divers auxquels les sociétés se sont engagées à pourvoir, notamment la création de caisses de retraites et d'assurances communes à plusieurs sociétés pour les opérations à long terme et les maladies de longue durée ;

e) Le service des placements gratuits.

Art 9 — Les sociétés de secours mutuels sont admises à contracter des assurances, soit en cas de décès, soit en cas d'accidents, aux caisses d'assurances instituées par la loi du 11 juillet 1868, en se conformant aux prescriptions des articles 7 et 15 de ladite loi.

Ces assurances peuvent se cumuler avec les assurances individuelles.

Art. 10. — Les infractions aux dispositions de la présente loi seront poursuivies contre les administrateurs ou les directeurs et punies d'une amende de 1 à 15 fr. inclusivement.

Si une société est détournée de son but de société de secours mutuels, et si, trois mois après un avertissement donné par arrêté du préfet du département, cette société persiste à ne pas se conformer aux prescriptions de la présente loi ou aux dispositions de ses statuts, la dissolution pourra en être prononcée par le tribunal civil de l'arrondissement.

Le ministère public introduira l'action en dissolution par un mémoire présenté au président du tribunal, énonçant les faits et accompagné des pièces justificatives ; ce mémoire sera notifié au président de la société avec assignation à jour fixe.

Le tribunal jugera en audience publique, sur les réquisitions du procureur de la République, le président de la société entendu ou régulièrement appelé.

Le jugement sera susceptible d'appel.

L'assistance de l'avoué ne sera obligatoire ni en première instance ni en appel.

En cas de fausse déclaration faite de mauvaise foi ou de toutes autres manœuvres tendant à dissimuler, sous le nom de sociétés de secours mutuels, des associations ayant un autre objet, les juges de répression auront la faculté de prononcer la dissolution à la requête du ministère public. Les administrateurs et directeurs seront passibles d'une amende de 16 à 500 fr.

Art. 11. — La *dissolution* volontaire d'une société de secours mutuels ne peut être prononcée que dans une assemblée convoquée à cet effet par un avis indiquant l'objet de la réunion et à la condition de réunir à la fois une majorité des deux tiers des membres présents et la majorité des membres inscrits.

En cas de dissolution par les tribunaux, le jugement désigne un administrateur chargé de procéder à la liquidation définitive.

Aucun encaissement de cotisations autres que celles échues au jour de la liquidation ne peut plus être effectué.

Communication sera faite à l'administrateur des livres, registres, procès-verbaux et pièces de toute nature ; la communication aura quérir des *immeubles*, sous quelque forme que ce soit, à peine de nullité, sauf les immeubles exclusivement affectés à leurs services.

lieu sans déplacement, sauf le cas où le tribunal en aurait ordonné autrement.

La liquidation s'opèrera conformément aux statuts ; elle sera homologuée sans frais par le tribunal, a la diligence du procureur de la République.

Art. 12. — Les secours, pensions, contrats d'assurances, livrets et généralement toutes sommes et tous titres à remettre par les sociétés de secours mutuels à leurs membres participants, sont *incessibles* et *insaisissables* jusqu'à concurrence de 360 fr. par an pour les rentes et de 3,000 fr. pour les capitaux assurés.

Art. 13. — Les sociétés de secours mutuels ayant satisfait aux prescriptions des articles précédents, ont le droit d'ester en justice, tant en demandant qu'en défendant, par le président ou par le délégué ayant mandat spécial a cet effet, et peuvent obtenir l'assistance judiciaire aux conditions imposées par la loi du 22 janvier 1851.

Art 14. — Les sociétés de secours mutuels se divisent en trois categories :

1° Les sociétés *libres ;*
2° Les sociétés *approuvées ;*
3° Les sociétés *reconnues comme établissements d'utilité publique.*

TITRE II. — *Des sociétés libres*

Art. 15. — Les sociétés libres et unions de sociétés libres peuvent recevoir et employer les sommes provenant des cotisations des membres honoraires et participants, et généralement faire des actes de simple administration ; elles peuvent posséder des objets mobiliers, prendre des immeubles à bail pour l'installation de leurs divers services.

Elles peuvent, avec l'autorisation du préfet, recevoir des dons et legs mobiliers.

Toutefois, si la libéralité est faite a une société dont la circonscription comprend des communes situées dans des départements différents, il est statué par un décret. S'il y a réclamation des héritiers du testateur, il est statué par un décret du Président de la République, le Conseil d'Etat entendu.

Lorsque l'emploi des dons et legs n'est pas déterminé par le donateur ou testateur, cet emploi sera prescrit par l'arrêté ou le décret d'autorisation, en exécution de l'article 4 de l'ordonnance du 2 avril 1817.

Les sociétés libres ne peuvent acElles ne peuvent, à peine de nullité, recevoir des dons ou legs immobiliers qu'à la charge de les aliéner et d'obtenir l'autorisation mentionnée au paragraphe 3 ci-dessus. La nullité sera prononcée en justice, soit sur la demande des parties intéressées, soit d'office, sur les requisitions du ministère public.

TITRE III. — *Des sociétés approuvées.*

Art. 16. — Les sociétés de secours mutuels et les unions de sociétés prévues a l'article 8, qui auront fait approuver leurs statuts par arrêté ministériel, auront tous les droits accordés aux sociétés libres et jouiront des avantages concédés par les articles suivants.

L'approbation ne peut être refusée que dans les deux cas suivants:

1° Pour non-conformité des statuts avec les dispositions de la loi ;

2° Si les statuts ne prévoient pas des recettes proportionnees aux dépenses, pour la constitution des retraites garanties ou des assurances en cas de vie, de décès ou d'accident.

L'approbation ou le refus d'approbation doit avoir lieu dans le délai de trois mois. Le refus d'approbation doit être motivé par une infraction aux lois et notamment aux dispositions du paragraphe 4 du présent article.

En cas de refus d'approbation, un recours peut être formé devant le Conseil d'Etat. Ce recours sera dispensé de tout droit ; il pourra formé sans ministère d'avocat.

Tout changement dans les statuts d'une société approuvée, doit être l'objet d'une nouvelle demande d'approbation, et aucune modification statutaire ne peut être mise a exécution si elle n'a pas été préalablement approuvée.

Il sera procédé, pour les changements dans les statuts, comme en matière de statuts primitifs pour tout ce qui concerne les dépôts, les délais et les recours.

Art. 17. — Les sociétés de secours mutuels approuvées pourront, sous réserve de l'autorisation du Conseil d'Etat, recevoir des dons et legs immobiliers.

Les immeubles compris dans un acte de donation ou dans une disposition testamentaire, que les sociétés n'auront pas été autorisées a conserver, seront aliénés dans les délais et la forme prescrits par le décret qui en autorise l'acceptation ; le délai pourra, en cas de nécessité, être prorogé.

Les sociétés de secours mutuels et les unions approuvées prévues a l'article 8, peuvent être autorisées, par décret rendu en Conseil d'Etat, a acquérir les immeubles nécessaires soit a leurs services d'administration, soit a leur service d'hospitalisation.

Art. 18. — Les *communes* sont tenues de fournir aux sociétés approuvées qui le demandent, les locaux nécessaires a leurs réunions, ainsi que les livrets et registres nécessaires a l'administration et à la comptabilité. En cas d'insuffisance des ressources des communes, cette dépense est mise a la charge des départements. Dans le cas où la société s'étend sur plusieurs communes ou sur plusieurs départements, cette obligation incombe d'abord a la commune dans laquelle est établi le siège social, ensuite au département auquel appartient cette commune.

Dans les villes où il existe une taxe municipale sur les *convois*, il est accordé aux sociétés approuvées remise des deux tiers des droits sur les convois dont elles peuvent avoir à supporter les frais aux termes de leurs statuts.

Art. 19. — Tous les actes intéressant les sociétés approuvées, sont *exempts* des droits de timbre et d'enregistrement.

Sont également exempts du droit de timbre de quittance les reçus de cotisations des membres honoraires ou participants, les reçus des sommes versées aux pensionnaires, ainsi que les registres a souches qui servent au payement des journées de maladies.

Cette disposition n'est pas applicable aux transmissions de propriété, d'usufruit ou de jouissance de biens meubles et immeubles, soit entre vifs, soit par décès.

Conformément aux articles 19 de la loi du 11 juillet 1868 et 24 de la loi du 20 juillet 1886, les certificats actes de notoriété et autres pièces exclusivement relatives à l'exécution des lois précitées et de la présente loi, seront délivrés gratuitement et exempts des droits de timbre et d'enregistrement.

Art. 20 — Les placements des sociétés de secours mutuels approuvées doivent être effectués en dépôt aux caisses d'épargne, à la Caisse des dépôts et consignations, en rentes sur l'Etat, bons du Trésor ou autres valeurs créées ou garanties par l'Etat, en obligations des départements et des communes, du Crédit foncier de France ou des Compagnies françaises de chemins de fer qui ont une garantie d'intérêts de l'Etat.

Les sociétés de secours mutuels approuvées pourront, en outre, *posséder et acquérir des immeubles* jusqu'a concurrence des trois quarts de leur avoir, les vendre et les échanger.

Pour être valables, ces opérations devront être votées a la majorité des trois quarts des voix par une assemblée générale extraordinaire composée au moins de la moitié des membres de la société, présents ou représentés.

Les titres et valeurs au porteur appartenant aux sociétés de secours mutuels approuvées seront déposés à la Caisse des dépôts et consignations, qui sera chargée de l'encaissement des arrérages, coupons et primes de remboursement de ces titres, et en portera le montant au compte de dépôt de chaque société.

Art. 21. — Les sociétés de secours

mutuels approuvées sont admises à verser des capitaux à la Caisse des dépôts et consignations :

1° *En compte courant disponible;*

2° *En un compte affecté pour toute la durée de la Société en formation et a l'accroissement d'un fonds commun inalténable.*

Le fonds commun de retraites existant au jour de la promulgation de la loi ne peut être supprimé.

Il peut être placé soit à la Caisse des dépôts et consignations, soit en valeurs ou immeubles, conformément aux art. 17 et 20, soit à la Caisse des retraites.

Pour l'avenir, les statuts de chaque société déterminent si elle entend user de cette faculté de constituer un fonds commun et dans quelles conditions ; ils règlent les moyens de l'alimenter, qu'il s'agisse d'un fonds commun conservé ou d'un fonds commun a créer. Ils décident notamment si la société devra verser à ce fonds, en totalité ou en partie, les subventions de l'Etat, les dons et legs, les cotisations des membres honoraires et des autres ressources disponibles.

Le compte courant et le fonds commun portent intérêt a un taux égal à celui de la caisse nationale des retraites pour la vieillesse.

La différence entre le taux fixé par le paragraphe précédent et le taux de 4 1/2 %, déterminé par le décret-loi du 26 mars 1852 et le décret du 26 avril 1856, sera versée, à titre de *bonification*, a chaque société de secours mutuels approuvée ou reconnue d'utilité publique, en raison de son avoir a la Caisse des dépôts et consignations (fonds libres et fonds de retraites), au moyen d'un crédit inscrit chaque année au budget du ministère de l'intérieur.

Les intérêts qui ne reçoivent pas d'emploi au cours de l'année sont capitalisés tous les ans.

La Caisse des dépôts et consignations aura la faculté de faire emploi des fonds versés aux comptes ci-dessus désignés, dans les mêmes conditions que pour les fonds des caisses d'épargne.

Dispositions relatives à la retraite.

Art. 22. — Les pensions de retraites peuvent être constituées soit sur *le fonds commun*, soit sur le *livret individuel* qui appartient en toute propriété à son titulaire, à capital *aliéné* ou *réservé*.

Art. 23. — Les pensions de retraites alimentées par le fonds commun, sont constituées à capital réservé au profit de la société. Elles sont servies directement par la société à l'aide des intérêts de ce fonds, ou par l'intermédiaire de la caisse nationale des retraites.

Pour bénéficier de ces pensions, les membres participants doivent être âgés d'au moins 50 ans, avoir acquitté la cotisation sociale pendant 15 ans au moins, et remplir les conditions statutaires fixées pour l'obtention de la pension.

Les sociétés qui constituent sur le fonds commun des pensions de retraites *garanties*, sont tenues de produire, tous les cinq ans au moins, au ministre de l'intérieur, la situation de leurs engagements, éventuels ou liquidés, et des ressources correspondantes, en se conformant aux modèles qui leur sont fournis par l'administration compétente. Elles devront modifier, s'il y a lieu, leurs statuts d'après les résultats de ces inventaires au moins quinquennaux.

Art. 24. — Les pensions de retraites constituées par le livret individuel, à l'aide de la caisse nationale des retraites ou d'une caisse autonome, sont formées, en conformité des statuts, au moyen de versements effectués par la société au compte de chacun de ses membres participants.

Ces versements proviennent :

1° De la cotisation spéciale que le sociétaire a lui-même acquittée en vue de la retraite, ou de la portion de la cotisation unique prélevée en vue de ce service ;

2° De tout ou partie des arrérages annuels du fonds commun inaliénable, s'il en existe un ;

3° Des autres ressources dont les statuts autorisent l'emploi en capital au profit des livrets individuels.

Les versements effectués par la société sur le livret individuel le sont à capital aliéné ou à capital réservé, au profit de la société, suivant que les statuts en auront décidé.

Quant aux versements qui proviennent des cotisations du membre participant, ils peuvent être, au choix de ce membre, faits à capital aliéné ou à capital réservé, au profit de ses ayants-droit.

Pour la liquidation des pensions de retraites constituées à capital aliéné et à jouissance immédiate par les sociétés de secours mutuels les tarifs à la caisse nationale des retraites seront calculés jusqu'à 80 ans.

Art. 25. — En dehors des retraites garanties ou non garanties, constituées, soit à l'aide des fonds communs, soit au moyen du livret individuel, dans les conditions prévues aux articles 23 et 24, les sociétés peuvent accorder à leurs membres des *allocations, non pas viagères, mais annuelles, prises sur les ressources disponibles*. Le montant en sera fixé chaque année par l'assemblée générale. Les titulaires sont désignés par elle, parmi les membres âgés de plus de 50 ans et ayant acquitté la cotisation sociale au moins pendant quinze ans.

Les statuts déterminent les autres conditions que doivent remplir les bénéficiaires

Le service de ces allocations annuelles s'effectue à l'aide des arrérages du fonds commun inaliénable ou des autres ressources disponibles.

Une indemnité pécuniaire, fixée également chaque année en assemblée générale et prélevée sur les fonds de réserve, peut être allouée aux membres participants devenus infirmes ou incurables avant l'âge fixé par les statuts pour être admissibles à la pension viagère de retraite.

Art. 26. — A partir de la promulgation de la présente loi, les *arrérages des dotations* et les *subventions annuellement inscrites* au budget du ministère de l'intérieur, au profit des sociétés de secours mutuels, seront employés à accorder à ces sociétés des allocations : 1° pour encourager la formation des pensions de retraites à l'aide du fonds commun ou du livret individuel ; 2° pour bonifier les pensions liquidées à partir du 1er janvier 1895 et dont le montant, y compris la subvention de l'Etat, ne sera pas supérieur à 360 fr. ; 3° pour donner, en raison du nombre de leurs membres, des subventions aux sociétés qui ne constituent pas de retraites.

Pour chacune de ces affectations la répartition du crédit aura lieu dans les proportions et suivant les barèmes arrêtés par le ministre de l'intérieur, après avis du Conseil supérieur.

Il sera, après préalablement toute répartition, opéré chaque année, sur les dotations et subventions, un prélèvement déterminé par le Conseil supérieur, qui ne pourra dépasser 5 % de l'actif total, pour venir en aide aux sociétés de secours mutuels qui, par suite d'épidémies ou de toute autre cause de force majeure, seraient momentanément hors d'état de remplir leurs engagements.

Les subventions de l'Etat, en vue de la retraite par livret individuel, profiteront aux étrangers, lorsque leur pays d'origine aura garanti, par un traité, des avantages équivalents à nos nationaux.

Les pensions allouées sur le fonds commun ne pourront être servies aux étrangers que dans le cas où ils résideront en territoire français.

Art. 27 — Un règlement d'administration publique détermine les conditions et les garanties à exiger pour l'organisation des caisses autonomes que les sociétés ou les unions pourront constituer, soit pour servir des pensions de retraites, soit pour réaliser l'assurance en cas de vie, de décès ou d'accident et, d'une manière générale, toutes les mesures d'application destinées à assurer l'exécution de la loi.

Les fonds versés dans ces caisses devront être employés en rentes sur l'Etat, en valeur du Trésor ou garanties par le Trésor, en obligations départementales ou en valeurs énumérées au paragraphe 1" de l'article 20.

La gestion de ces caisses sera soumise à la *vérification de l'inspection des finances* et au contrôle du receveur particulier de l'arrondissement du siège de la caisse.

La Caisse des dépôts et consignations est tenue d'envoyer, dans le courant du premier trimestre de chaque année, aux présidents de sociétés de secours mutuels ayant constitué des pensions de retraites en faveur de leurs membres participants, la liste des retraités qui, dans l'année précédente, n'auront pas touché leurs arrérages.

Art. 28. — Les sociétés de secours mutuels qui accordent à leurs membres ou à quelques-uns seulement des indemnités moyennes ou supérieures à 5 francs par jour, des allocations annuelles ou des *pensions supérieures à 360 francs* et des capitaux en cas de vie ou de décès *supérieurs à 3,000 francs*, ne participent pas aux subventions de l'Etat et ne bénéficient ni du taux spécial d'intérêt fixé par les décrets des 26 mars 1852, 26 avril 1856, ni des avantages accordés par la présente loi sous forme de remise de droits d'enregistrement et de frais de justice.

Les sociétaires qui s'affilieront à plusieurs sociétés en vue de se constituer une *pension supéreure à 360 francs*, et des captaux en cas constituer une *pension supérieure à 360 francs* ou des capitaux en cas de vie ou de décès supérieurs à 3.000 francs, seront exclus des société, de perdre les avantages concédés par la présente loi.

Surveillance administrative.

Art. 29. — Dans les trois premiers mois de chaque année, les sociétés de secours mutuels approuvées doivent adresser au ministre de l'intérieur, par l'intermédiaire des préfets et dans les formes prescrites, indépendamment de la statistique exigée par l'article 3, le compte rendu de leur situation morale et financière.

Elles sont tenues de communiquer leurs livres, registres, procès-verbaux et pièces comptables de toute nature aux préfets, sous-préfets ou à leurs délégués. Cette communication a lieu sans déplacement, sauf le cas où il en serait autrement ordonné par arrêté du préfet.

Les infractions aux prescriptions du paragraphe 2 du présent article seront punies d'une amende de 16 à 500 francs.

Art. 30. — Dans le cas d'inexécution les statuts ou de violation des dispositions de la présente loi, l'approbation peut être retirée par un décret rendu en Conseil d'Etat sur la proposition motivée du ministre de l'intérieur et après avis du Conseil supérieur des sociétés de secours mutuels, lequel sera convoqué dans le plus bref délai.

La décision portant retrait d'approbation sera susceptible d'un recours au contentieux devant le Conseil d'Etat, sans ministère d'avocat et avec dispense de tous droits.

Art. 31. — Lorsque la dissolution d'une société approuvée est votée par l'assemblée générale, conformément aux statuts, ou ordonnée par le tribunal, la liquidation est poursuivie sous la surveillance du préfet ou de son délégué.

Il est prélevé sur l'actif social, y compris le fonds commun inaliénable de retraites déposé à la Caisse des dépôts et consignations et dans l'ordre suivant :

1° Le montant des engagements contractés vis-à-vis des tiers ;

2° Les sommes nécessaires pour remplir les engagements contractés vis-à-vis des membres participants, notamment en ce qui concerne les pensions viagères, les assurances en cas de décès, de vie ou d'accident ;

3° a) Une somme égale au montant des subventions et secours accordés depuis l'origine de la société par l'Etat, à titre inaliénable, sur les fonds de la dotation ou autres, pour être, ladite somme versée au compte de la dotation des sociétés de secours mutuels ;

b) Des sommes égales au montant des subventions et secours accordés depuis l'origine de la société par les départements et les communes, à titre inaliénable, pour être, les dites sommes, réintégrées dans leurs caisses ;

c) Des sommes égales au montant des dons et legs faits à titre inaliénable, pour être employées conformément aux volontés des donateurs et testateurs, s'ils ont prévu le cas de liquidation, ou, si leur volonté n'a pas été exprimée, pour être ajoutées au compte de dotation des sociétés de secours mutuels.

Si, après le paiement des engagements contractés vis-à-vis des tiers et des sociétaires, il ne reste pas de fonds suffisants pour le plein des prélèvements prévus au paragraphe 3 ci-dessus, ces prélèvements auront lieu au marc le franc des versements faits respectivement par l'Etat, les départements, les communes, les particuliers.

Le surplus de l'actif social sera, s'il y a lieu, réparti entre les membres participants appartenant à la société au jour de la dissolution et non pourvus d'une pension ou indemnité annuelle, au prorata des versements opérés par chacun d'eux depuis leur entrée dans la société, sans qu'ils puissent recevoir une somme supérieure à leur contribution personnelle. Le reliquat sera attribué au fonds de dotation

TITRE IV. — *Des sociétés reconnues comme établissements d'utilité publique.*

Art. 32. — Les sociétés de secours mutuels et les unions sont reconnues comme établissements d'utilité publique par décret rendu dans la forme des règlements d'administration publique.

La demande est adressée au préfet avec les pièces suivantes : la liste nominative des personnes qui y ont adhéré et trois exemplaires des projets de statuts et du règlement intérieur.

Art. 33. — Les sociétés reconnues comme établissements d'utilité publique jouissent des avantages ac-

cordés aux sociétés approuvées. Elles peuvent, en outre, posséder et acquérir, vendre et échanger des immeubles, dans les conditions déterminées par le décret déclarant l'utilité publique.

Elles sont soumises aux obligations de l'article 11 qui précède.

TITRE V. — *Conseil supérieur. — Rapports annuels. — Tables statistiques.*

Art. 34. — Il est institué près le ministère de l'intérieur, un *Conseil supérieur des sociétés de secours mutuels.* Ce Conseil est composé de trente-six membres, savoir :

Deux sénateurs élus par leurs collègues ;

Deux députés élus par leurs collègues ;

Deux conseillers d'Etat élus par leurs collègues ;

Un délégué du ministre de l'intérieur,

Un délégué du ministre de l'agriculture ;

Un délégué du ministre du commerce,

Un membre de l'académie des sciences morales et politiques, désigné par l'académie ;

Un membre du Conseil supérieur du travail, nommé par ses collegues ;

Deux membres agréés de l'institut des actuaires français, désignés par le ministre de l'intérieur ;

Le directeur général de la comptabilité au ministère des finances ;

Le directeur du mouvement général des fonds au même ministère ;

Le directeur général de la Caisse des dépôts et consignations ;

Un membre de l'académie de médecine, désigné par l'académie, et un représentant des syndicats médicaux, élu par les délégués de ces syndicats, dans les formes qui se ront déterminées par un règlement d'administration publique ;

Dix-huit représentants de sociétés de secours mutuels, dont six appartenant aux sociétés libres, élus par les délégués des sociétés dans des formes qui seront déterminées par un règlement d'administration publique.

Chaque représentant des sociétés approuvées sera élu par un collège comprenant un certain nombre de départements.

Cette division sera faite par le règlement d'administration publique à intervenir, de telle sorte que chaque collège comprenne un nombre à peu près égal de mutualistes.

Tous les membres sont nommés pour quatre ans ; leurs pouvoirs sont renouvelables, leurs fonctions sont gratuites.

Le ministre de l'intérieur est président de droit du Conseil supérieur des sociétés de secours mutuels.

Le Conseil choisit parmi ses membres ses deux vice-présidents et son secrétaire. Il est convoqué par le ministre compétent *au moins une fois tous les six mois*, et toutes les fois que cela lui paraîtra nécessaire.

Il reçoit communication des états statistiques et des comptes rendus de la situation financière fournis par les sociétés de secours mutuels ainsi que des inventaires au moins quinquennaux et des autres documents fournis par les sociétés de secours mutuels, en exécution des articles 8, 23 et 29 ci-dessus.

Il donne son avis sur toutes les dispositions réglementaires ou autres qui concernent le fonctionnement des sociétés de secours mutuels, et notamment sur le mode de répartition des subventions et secours qui seront attribués sur les mêmes bases et dans les mêmes proportions pour les retraites constituées soit à l'aide du fonds commun, soit à l'aide de livrets individuels.

Art. 35. — Sept membres nommés par le ministre, dont quatre pris parmi ceux qui précèdent de l'élection, constituent une section permanente.

La section permanente a pour fonction de donner son avis sur toutes les questions qui lui sont renvoyées soit par le Conseil supérieur, soit par le ministre.

Le ministre de l'intérieur soumet, chaque année, au Président de la République, un rapport qui est présenté au Sénat et à la Chambre des députés, sur les opérations des sociétés de secours mutuels et sur les travaux du Conseil supérieur.

Art. 36. — Dans un délai de deux ans, après la promulgation de la présente loi, les ministres de l'intérieur et du commerce feront établir des tables de mortalité et de morbidité applicables aux sociétés de secours mutuels.

Dispositions transitoires.

Art. 37. — Les sociétés de secours mutuels antérieurement autorisées ou approuvées sont tenues, dans le délai de deux ans, de se conformer aux prescriptions de la présente loi. Jusqu'à l'expiration de ce délai, elles continueront à s'administrer conformément à leurs statuts.

Les sociétés approuvées, qui ne solliciteront pas, dans ce délai, ou n'obtiendront pas l'approbation de leurs statuts, devront placer leurs fonds communs en valeurs nominatives, conformément à l'article 20 ci-dessus, et déposer leurs titres à la Caisse des dépôts et consignations. L'inexécution de ces dispositions entraînera l'application des articles 10 et 30 de la présente loi.

Toutefois, les sociétés qui assurent leurs membres exclusivement contre la maladie, sont dispensées de solliciter de nouveau cette approbation.

Le ministre de l'intérieur, après avis du Conseil supérieur, prévu à l'article 34, déterminera dans quelle mesure il pourra être fait exception, pour le passé, aux prescriptions de l'article 2 en faveur des sociétés de secours mutuels qui, établies en vue de l'assurance contre la maladie, auront accordé certains avantages à ceux de leurs membres entrés dans la société à un âge relativement avancé et n'ayant pu arriver à la liquidation de leur pension en satisfaisant aux conditions normales de stage.

Art. 38. — Les articles 13, 18, 19 et 21 de la présente loi, à l'exception pour ce dernier de ce qui concerne le fonds commun, s'appliquent aux sociétés régulièrement constituées, en conformité du titre III de la loi du 29 juin 1894 dont l'article 20 est abrogé.

Art. 39. — Le décret-loi du 27 mars 1858 est ainsi modifié :

« Les personnes auxquelles le gouvernement de la République aura accordé des médailles d'honneur, en leur qualité de membre d'une société de secours mutuels, libre ou approuvée, pourront porter publiquement ces récompenses. »

Art. 40. — Les syndicats professionnels constitués légalement aux termes de la loi du 21 mars 1884, qui ont prévu dans leurs statuts les secours mutuels entre leurs membres adhérents, bénéficieront des avantages de la présente loi, à la condition de se conformer à ses prescriptions.

Art. 41. — Toutes les dispositions contraires à la présente loi, sont abrogées.

BIBLIOTHÈQUE NATIONALE R.F. IMPRIMÉS

TABLE DES MATIÈRES

PUBLICATIONS CLASSIQUES DE NOTRE LIBRAIRIE

GRANDE CARTE DU DÉPARTEMENT DE L'ISÈRE
Par LANFREY, Instituteur

Prix en feuille.. 5 fr. »
Collée sur carton pouvant être suspendue comme celles de Vidal-
Lablache... 6 fr. 50
Montée sur toile vernie gorge rouleau........................... 10 fr. »

Cette Carte, mesurant 1 mètre dans tous les sens, est tirée en plusieurs couleurs sur fond bistre.

Elle donne le relief du sol, les voies de communication bien à jour ; les altitudes, les productions agricoles, industrielles et minières y sont indiquées pour chaque commune, et en plus — et c'est là le point important — les communes sont divisées en cinq catégories pour la population : 3.000, 2.000, 1.000, 500 et au-dessous de 500. A chaque catégorie correspond une grosseur différente des caractères employés pour le nom de la commune ; à première vue, on se rend compte de l'importance des villages. Très décorative et très instructive, cette Carte a sa place dans toutes les Écoles du département.

Géographie Illustrée du Département de l'Isère

A l'usage des Écoles primaires par GONON et LANFREY,
Instituteurs

Volume oblong (genre Foncin) contenant **7 Cartes** coloriées :
Carte physique du département de l'Isère.
— politique —
— économique —
— arrondissement de Grenoble coloriée par cantons.
— — Saint-Marcellin
— — La Tour-du-Pin
— — Vienne

Plus 13 gravures. — PRIX : **75 centimes.**

Cette Géographie, avec résumé et questionnaire, a été mise au concours entre tous les Instituteurs du département de l'Isère, et les auteurs qui ont obtenu les prix (800 fr.) ont doté notre département du plus joli travail qui puisse être fait de ce genre. L'édition très soignée ne laisse rien à désirer.

A titre de spécimen elle est envoyée franco contre 50 centimes.

L'ENSEIGNEMENT du Calcul simplifié, recueil complet de problèmes dans tous les genres

se rapportant à toutes les règles de l'Arithmétique et conformes aux programmes officiels, composés ou choisis et classés par **J. Arnaud,** instituteur à Allevard, avec une lettre de félicitation de M. Clerc.
Un volume cartonné...... **1 fr. 50**

Cet ouvrage contient un choix méthodique de problèmes, avec solutions, classés par séries progressives. Il sera très utile pour les Examens, tels que : Certificats d'Études, Concours, Bourses, Brevets, etc. Ce recueil est complété par une série de problèmes se rapportant à la géométrie élémentaire, tels que la mesure des surfaces et des volumes simples.

L'AGRICULTURE Notions agricoles avec un résumé succinct des connaissances scientifiques les plus indispensables aux cultivateurs. Ouvrage rédigé en vue de l'enseignement agricole dans les écoles primaires, comprenant 42 gravures intercalées dans le texte, par A. BERLIOZ, propriétaire à Saint-Ismier (Isère), membre de la Société d'Agriculture de Grenoble, membre de la Société des Agriculteurs de France, in-8° broché. — Prix : **1 fr. 50** avec questionnaire.

LA CULTURE Connaissances utiles et pratiques en agriculture mises à la portée de tous, 2e Édition, par le même auteur. — Prix : **50 Centimes.**

CE LIVRE S'ADRESSE :

1° Aux **Prévoyants** ;

2° A tous les **Sociétaires** en général ;

3° Aux titulaires des **livrets de caisse d'é-** **pargne** ou de la **Caisse nationale des retraites.**

LA FRANCE PRÉVOYANTE est la *plus importante* des sociétés approuvées ; 83.000 membres ; capital 18 millions ; cotisations de 1 à 5 francs par mois à payer au moins pendant 15 ans. Retraite à partir de 50 ans. La pension ne peut dépasser 120 fr. par part. Siège social : Paris, rue de Rivoli, 64. (500 sections fonctionnent en province).

L'ASSOCIATION FRATERNELLE DES EMPLOYÉS ET OUVRIERS DE CHEMINS DE FER est la *plus importante* des sociétés reconnues d'utilité publique. 100.000 adhérents. Avoir social : 30 millions.

LA DOTATION DE LA JEUNESSE DE FRANCE assure une dot aux jeunes filles à leur mariage ; aux jeunes gens à l'expiration de leur service militaire. Cotisation mensuelle : 0,50 ; on souscrit pour 1, 2, 3, 4 ou 5 parts. Admission : être âgé de moins de 15 ans. Une caisse de réserve est destinée à payer les cotisations des sociétaires devenus orphelins et à égaliser autant que possible le chiffre des dots. 200.000 adhérents possédant 3 millions. 1.500 sections fonctionnent en province. Siège social : Paris, rue de Grenelle, 71.

L'ASSOCIATION DU BARON TAYLOR alloue des pensions de 300, 200 et 100 fr. ; distribue des secours en cas de maladie. Cotisation annuelle : 12 fr. Pensions et secours distribués chaque année : 150.000 francs. 30.000 adhérents. Siège social : Paris, rue Bergère, 25.

GRENOBLE. — IMPRIMERIE GÉNÉRALE

www.ingramcontent.com/pod-product-compliance
Lightning Source LLC
Chambersburg PA
CBHW070815210326
41520CB00011B/1966

9 7 8 2 0 1 1 3 2 6 0 1 0